AF345958

REFLEXIONES DE
UNA DIANA

ExLibric

DIANA JIMÉNEZ TOLEDO

REFLEXIONES DE UNA DIANA

EXLIBRIC

ANTEQUERA 2020

DIANA JIMÉNEZ TOLEDO

REFLEXIONES DE
UNA DIANA

*Dedicado a todas aquellas personas con las que
me he cruzado en mi camino y han forjado parte de
mi forma de ser y estar, en especial a mis amigas Yisel
Contreras y Eva Rodríguez por apoyarme en todo
momento en la aventura de este libro.*

Índice

Reflexiones de una Diana surge como expresión de todos mis pensamientos, mis inquietudes y mis ganas de llegar a las personas, para que les sirva de ayuda en su día a día y, sobre todo, les haga plantearse episodios de sus vidas. Quizás las prisas, el dejarnos llevar por la falta de tiempo y el ritmo acelerado del suceder de las cosas hacen que no nos planteemos si verdaderamente estamos viviendo la vida que queremos llevar.

Con estas reflexiones quiero hacer pensar a mis lectores si verdaderamente están haciendo lo que quieren hacer, si están gestionando su vida de la forma adecuada, si están inmersos en relaciones que ya hace mucho tuvieron que acabar o manteniendo un estatus social que no quieren abandonar. En definitiva, si están viviendo sus vidas o las que otros marcan que vivan aunque eso signifique un malestar a nivel personal, social, emocional y psicológico.

Le escribo al amor, a las emociones, al alma, a una palabra que oiga, a una frase que lea, a alguna belleza de la naturaleza o simplemente a la persona que se cruza conmigo por la calle. Porque, al fin y al cabo, todos necesitamos un apoyo, una guía, una idea, que a veces no vemos por estar nublados, por no tener alguien que nos escuche sin emitir ningún juicio, siendo neutro, o simplemente por no tener un hombro donde apoyarnos y poder desahogarnos cuando tenemos ganas de llorar.

Con este libro simplemente os invito a que penséis sobre qué queréis y si verdaderamente, como dijo Jacques Lacan, habéis actuado conforme al deseo que os habita.

Espero que mis reflexiones sirvan de ayuda, disfrutéis de ellas y os hagan salir de vuestra zona de confort para que vayáis a donde queréis llegar, a conseguir vuestras metas.

El miedo

Esta mañana me he cruzado con una de esas frases redondas, cargadas de verdad y sentido, que (al menos a mí) dan ganas de escribirlas en el espejo del baño para verlas a diario. Es esta: «Todo lo que deseas está al otro lado del miedo».

El miedo solo existe en el mecanismo de nuestra mente. Tendrás que aprender a separarte del mecanismo. Nos hemos identificado tanto con el mecanismo que nos hemos olvidado por completo de la distancia. Solo es la mente. Y la mente no es otra cosa que el conjunto de los condicionamientos recibidos de otros.

Alguien te ha hecho temer al amor, a los extraños, a lo desconocido cuando eras pequeño; de ahí esas voces. Podrás descubrir de quién son esas voces: de tu madre, de tu padre… Y no estoy diciendo que estuvieran equivocados. Cuando lo dijeron tenía sentido, pero ahora ya no lo tiene.

No obstante, si entras en alguna extraña situación ¿quién sabe lo que puede ocurrir? ¿Quién sabe si será lo correcto o no? ¡Ten cuidado! La mente te dice: «Ajústate al viejo programa, limítate a vivir como lo has estado haciendo hasta ahora. Si mantienes la misma rutina habrá menos posibilidades de errar».

Pero de nuevo os digo que todo lo que queráis conseguir está al otro lado del miedo. La mente quiere evitar errores, pero la vida no. La vida quiere ir a través de los errores para aprender más, porque solo se aprende yendo a través del intento y el error. Si dejamos de cometer errores también dejamos de aprender y, por lo que yo he observado, la gente que deja de aprender se vuelve neurótica. El no aprender es una especie de neurosis. Uno siente miedo a aprender más, así que se mantiene en la misma rutina. Uno se cansa, se aburre, pero sigue manteniéndose en la misma rutina porque se ha acostumbrado a ella. Le resulta familiar, conocida, lo que llamamos zona de confort. Pero ¿qué hay detrás de esa zona? Si no me arriesgo, nunca lo sabré.

La aparición del miedo solo es una indicación de que ha surgido algo que va en contra del programa que has estado siguiendo hasta ahora, de que has llegado a una situación en la que tendrás que volver a aprender. Eso significa que tendrás que abandonar tu neurosis; significa que todo lo que has hecho desde tu niñez hasta ahora, desde que tenías cinco años hasta ahora, ha de ser borrado, abandonado poco a poco para que puedas volver a ser un niño y reanudar el proceso de aprendizaje donde lo habías dejado.

La intensidad con la que me afecta el miedo va desde una ligera incomodidad o nudo en el estómago hasta un pánico vertiginoso, como si el mundo se fuera a acabar. ¿De dónde procede? ¿Adónde se dirige?

Cuando amas a una persona, con el amor, en el mismo paquete, viene el miedo: esa persona puede dejarte. Ya ha dejado a otro para estar contigo, hay precedentes. Puede que contigo haga lo mismo. Tienes miedo, sientes un nudo en el estómago. Tu apego es tan grande que no puedes entender el simple hecho de que has venido al mundo solo. Antes vivías sin esa persona y estabas perfectamente, sin el nudo en el estómago. Si un día esa persona se va, ¿a qué viene ese nudo? Tú ya sabes cómo estar sin esa persona. Podrás volver a estar solo.

El miedo a que mañana puedan cambiar las cosas. Uno se puede morir, se puede arruinar, perder su empleo… Mil y una cosas pueden cambiar. Estás repleto de miedos y ninguno de ellos es válido, porque ayer también estabas repleto de todos esos miedos innecesariamente. Las cosas pueden haber cambiado, pero todavía sigues vivo. El ser humano tiene una enorme capacidad para ajustarse a cualquier situación.

Así que me pregunto: si el secreto de la felicidad es ese y es tan sencillo, ¿por qué nos cuesta tanto llevarlo a la práctica? ¿Por qué no vivimos en esa armonía y esa paz a diario? Porque tenemos miedo. Miedo al qué dirán, miedo a no ser aceptados como somos, miedo a las represalias, miedo al ridículo, miedo a quedarnos solos, miedo a vivir con miedo… Miedo, siempre el miedo.

Por suerte, el miedo no es invencible y no puede alejarnos de nuestra felicidad eternamente. En el momento en el que tomamos conciencia de él ya tenemos la mitad de la batalla ganada. A partir de ahora, cada vez que se encienda la luz de alarma en tu cabeza para indicarte que te has salido del camino, pregúntate a qué tienes miedo. Puede que el miedo no dé la cara en la primera respuesta, pero si escarbas un poquito te darás cuenta de que al final lo único que nos paraliza y nos limita es siempre el miedo.

Tomar conciencia de a qué tienes miedo y qué consecuencias concretas tiene eso en tu vida es solo el primer paso, pero es el paso más importante. Más adelante podrás evaluar si ese miedo es real o no, cómo se puede combatir o incluso identificar qué pasos te librarán de él. Por lo pronto, dar este primer paso ya es un triunfo. Ánimo con él: ¡no hay miedo!

La felicidad

Hace poco vino a verme una chica que estaba deprimida porque su novio la había dejado. Estuvimos revisando el diálogo interno que la estaba perturbando y rápidamente admitió que se decía algo así como: «La vida es un asco sin pareja, además de un fracaso personal». A partir de ahí mantuvimos un diálogo sobre la verdadera fuente de la felicidad:

—Silvia, la pareja nunca ha dado la felicidad a nadie. Fíjate en ti misma. ¿No estabas bien antes de conocer a Manolo? —le dije.

—Sí, la verdad es que sí. Estaba en primero de carrera, contenta con mi vida —respondió.

—¿Lo ves? Conocer a tu novio estuvo bien, pero tú ya eras feliz. La pareja, tener un buen trabajo o estar delgado son añadiduras, pero no la verdadera fuente de la felicidad.

—¿Entonces cuál es la fuente? ¿Qué es lo que da la felicidad?

—Simplemente, tener el coco bien amueblado: tener «bastantidad».

Cuando estamos cuerdos apreciamos el milagro de la vida ahí fuera y esa sutil apreciación basta para llenarnos el corazón. Y es que la vida está llena de posibilidades de disfrute si no nos apegamos a ninguna de ellas. Muchas veces les digo a mis pacientes que no hay nada más que apreciar que ahí fuera hay colores, luz, objetos vivos en movimiento como las hojas de los árboles. Llegará un momento en que ya no los habrá. En este universo todo tiene su final y quizás dentro de cincuenta o cien años hayamos destrozado de tal forma el planeta que el color, la luz o los árboles no sean lo mismo. O directamente habrá reventado la Tierra.

Cuando estamos cuerdos apreciamos el milagro de la vida ahí fuera y esa sutil apreciación basta para llenarnos el corazón: ni novios ni empleos perfectos. Basta con la luz del sol al amanecer. Por eso tener una mente saludable implica no apegarse a nada ni a nadie. La felicidad, como le señalé a Silvia, la da no crearse necesidades y disfrutar de lo que se tiene en cada momento: la mente del mono loco.

Después de aquel primer diálogo la paciente se quedó pensativa y me confesó:

—Además, si lo pienso bien, tampoco estábamos bien juntos.

—¿Lo ves? Tu necesidad actual es absurda —apunté.

—¿Y por qué me sucede esto? ¿Por qué estoy obsesionada con algo que ni siquiera fue tan bueno? —me preguntó confusa.

—Ah, esto es porque has desarrollado la mente del mono loco.

Cuando nos volvemos locos olvidamos que la felicidad reside en nuestra mente y empezamos a buscar compulsivamente fuentes de gratificación externas. Entrar en ese juego es perjudicial porque entonces seguro que adquirimos la mente del mono loco. El mono loco es un primate que va de rama en rama, frenético, buscando la rama perfecta donde estar perfectamente cómodo. Y no la encuentra jamás.

Silvia había empezado a caer en esa trampa e iba loca de objeto en objeto buscando la felicidad. Cuando estaba con su novio se decía: «¡Esta relación es un asco! ¡Necesito que la relación funcione de otra forma o esto no lo aguanto!». Por el contrario, cuando su novio la dejó su pensamiento era: «¡Necesito a mi exnovio o la vida también es un asco porque no sé estar sola!».

Probablemente, de encontrar otra pareja, en poco tiempo empezaría a quejarse de algo diferente: del trabajo, de su vida social, de esa nueva pareja, de su cuerpo, de la propia ansiedad…

La mejor respuesta a la pregunta de Silvia (¿dónde está la felicidad?) se la podía dar cualquier mono sano: «La felicidad está en cualquier rama. ¿No lo ves?».

Un antiguo cuento zen ilustra este concepto:

«Érase un ratón que se hallaba en constante estrés por miedo al gato. Un mago se apiadó de él y lo transformó en un ágil felino. Pero entonces el pobre animal se empezó a asustar del perro. El mago, con otro golpe de vara, lo transformó en un fuerte can. Pero al poco tiempo el agobiado animal empezó a temer al tigre. El mago, aunque ya un poco cansado, lo transmutó en un poderoso tigre, el rey de los felinos. Y en ese punto a nuestro animal le entró un ataque de pánico ante la presencia del cazador. El mago dio un suspiro, harto de tanto trabajo. Cogió su varita, la alzó y dijo: "¡Te convierto en ratón y esta vez es para siempre!". Acto seguido añadió: "Nada de lo que yo haga va a servir, amigo, porque primero tienes que aprender a ser feliz como un ratón"».

El amor

«Mi sangre late diciéndome tu nombre, incesante, despiadada.
Tu nombre… Tu nombre».

El amor es la emoción más poética que conocemos y, al mismo tiempo, una de nuestras necesidades más elementales. Las emociones, experiencias y fantasías que conlleva están descritas en los mitos y en los cuentos de hadas de innumerables culturas y sociedades, y sus impactos quedan todavía lejos de una total comprensión. Puede que se dispute sobre el origen del amor, pero nadie discute el desconcertante rasgo de su escala emocional. Estar enamorados puede traernos la máxima felicidad, pero, dicho con otras palabras, también es a veces salvajismo en la sangre, dolor en los huesos y avidez y desespero en el espíritu. Es estar sediento por la noche e insaciable durante el día. Es llevar el recuerdo como una espina en el corazón. Es ir goteando sangre al andar.

El amor tiene infinitas formas y temperamentos y diferentes edades, desde la serenidad del compromiso duradero hasta la abrumadora belleza del amor juvenil, cuando el mundo sensorial nos llena, cambiándolo todo. La búsqueda de un amor duradero es siempre incierta: puede que sea una pasión no correspondida o traicionada (o, sencillamente, erosionada por el tiempo), aunque en su fulminante impacto el amor revela las dimensiones más sorprendentes del corazón humano. El amor puede provocar síntomas parecidos al despertar espiritual: palpitaciones del corazón, manos y rodillas temblorosas, sonrojo, sudoración, sentir las típicas mariposas en el estómago…

¡Qué bonita sensación, que es incomprensible a nuestra razón! ¿Qué nos pasa? Esa es la pregunta. ¡Estamos enamorados! En definitiva, el amor es una lucha entre nuestro anhelo de fundirnos con el otro y nuestro temor a perder nuestra identidad y nuestra libertad en el proceso. Pero ¡qué bello es sentirlo! Así que, si te sientes enamorado con algunos de estos síntomas, ¡vívelo! Es una mezcla de emociones que solo tú y la otra persona entenderéis. ¡Que viva el amor!

El maltrato sutil

Le habían enseñado a quererse tal y como no era.

A veces pensamos que una bofetada conlleva un daño muy fuerte, pero ¿qué ocurre con esos mensajes descalificativos que a veces estamos recibiendo desde niños e introducimos en nuestro cerebro como si fueran una porción de ADN que va con nosotros, que normalizamos incluso hasta llegar a creérnoslos?

A la hora de hablar de maltrato pensamos de inmediato en esa violencia física o psíquica que un maltratador ejerce sobre su víctima. No obstante, existe otro tipo de maltrato sutil del que, en ocasiones, no somos tan conscientes y que, poco a poco, nos acaba destruyendo por dentro.

Son mensajes que hemos ido recibiendo desde pequeños y ya de mayores por parte de nuestros padres, amigos, pareja… y que incluso llegan a condicionar las relaciones que establecemos socialmente: «Eres un inútil», «no vales para nada», «todo lo haces mal», «eres fea»… Esas acusaciones van conformando nuestra forma de actuar y hacen que nos convirtamos en personas que realmente no somos. Hay un gran potencial detrás de todo eso y a fuerza de escucharlo una y otra vez has llegado a grabarlo a fuego sobre ti y hace que actúes no como tú eres, sino como te han enseñado a ser. Este tipo de maltrato llega a hacerte una persona insegura y con baja autoestima.

Esta violencia sutil o encubierta es imperceptible a la vista; sin embargo, puede causar graves daños y dejar huellas muy profundas y difíciles de superar. Las marcas de la violencia física cicatrizan, pero ¿qué hacemos con las heridas del alma? ¿Cómo puede ser que las amenazas, la burla y la humillación formen parte de los vínculos amorosos de una pareja o de cualquier otra relación que establezcamos? Porque una vez que estás tocado por este tipo de juego psicológico vas a aprender a moverte así con todas las personas que conozcas. Así que tenemos que tener nuestros sentidos muy atentos para percibir lo que nos está sucediendo, pues podría ser algún tipo de violencia camuflada con tintes de «me preocupo por ti». ¡Debemos estar atentos! Si algo nos hace sentir temor, vergüenza o incomodidad es violencia.

No dejan de ser ataques invisibles, pero que se pueden hacer muy visibles en nuestra forma de actuar, de ser, de movernos con los demás, haciendo que no dispongamos de la adecuada inteligencia emocional para establecer relaciones saludables. Por lo tanto, no olvidemos nunca que la verdadera belleza es una actitud y que una persona es increíblemente preciosa… cuando es auténtica. ¡Sé tú y no lo que los demás te hagan creer, amándote todos los días!

La angustia

Una amiga que siempre nos acompaña.

«En tiempos inciertos, angustia cierta». La angustia es el único afecto que no engaña. En ella parece prenderse algo que no se consigue decir. La angustia no se deja atrapar en ninguna forma de discurso; se presenta cruda y sin atributos.

La angustia y la preocupación son gemelas inseparables. Hay cosas peores, pero la angustia y la preocupación son unos problemas que acechan a gran número de personas. Entre la angustia y el miedo existe una estrecha relación.

La angustia es el sentimiento que experimentamos cuando, sin motivo, nos preocupamos en exceso por la posibilidad de que en el futuro nos ocurra algo temido sobre lo que no tenemos control y que, en caso de que sucediera, consideraríamos «terrible» o haría que nos consideráramos personas totalmente inútiles. También se puede definir la angustia como un sentimiento de amenaza cuya causa es por el momento desconocida, pero que puede aparecer en el momento en que menos lo esperamos y revelar a todos, sin excepción, que somos unos incompetentes o personas totalmente ridículas.

Una segunda forma de angustia, común a muchas personas (de hecho, a la mayoría), recibe el nombre de «baja tolerancia a la frustración». Por ejemplo: «La vida debería ser fácil y transcurrir por donde quiero sin demasiados problemas y molestias; si no es así, es horrible y no puedo soportarlo». Si la persona acepta esta idea, se encontrará cogida en la «trampa de la comodidad».

Algunas variaciones típicas son: «Debo sentirme bien», «no debo sentirme angustiado» o «debo ser frío, mantener la calma y el sosiego». Con estas ideas y dado que lo más probable es que nos empecemos a sentir mal en el mismo momento en que nos entreguemos a este tipo de pensamientos, lo normal será que suframos un ataque de angustia. Se puede llegar a sentir angustia por miedo a sentir angustia.

La angustia es un círculo vicioso. Una vez que se ha experimentado la angustia «sin razón alguna», aparece una actitud angustiada ante la perspectiva de sentir angustia. El proceso se desarrolla con gran rapidez y de lo único que somos conscientes es de un progresivo sentimiento de pánico.

Hay muchas personas que combaten las situaciones que les provocan angustia con una serie de conocidas técnicas pensadas para distraerse de la angustia: relajación, contar hasta diez, beber, etc. Pueden ser útiles a corto plazo, pero en general no resuelven el problema. Veamos qué se puede hacer.

En primer lugar, distinguir entre lo «incómodo» y lo «terrible». Es incómoda, incluso muy incómoda, pero no es terrible a no ser que así la definamos. Si definimos la ansiedad como una sensación terrible estaremos dando otra vuelta al círculo vicioso. Así pues, para empezar, cuando te sientas angustiado demuéstrate a ti mismo que la angustia es incómoda, mala, inconveniente, pero no es peligrosa ni es el fin del mundo.

En segundo lugar, demuéstratelo en la situación que habrías querido evitar. Parece simple (y lo es), pero no es fácil.

En tercer lugar, si creemos que una situación nos sobrepasa quizás es mejor no enfrentarnos a ella todavía. Pero sería un error avanzar demasiado gradualmente y solo hacer lo que podamos realizar cómodamente. Superar la ansiedad comporta tolerar cierto grado de incomodidad, por lo que es importante enfrentarse al sentimiento de incomodidad y no evitarlo. Enfréntate a él con la misma actitud: «Si me coge un ataque de pánico, me ha cogido y ya está; será desagradable, pero no terrible».

Lo peor de casi cualquier desastre no es tanto lo terrible que sea en sí mismo, sino la creencia exagerada al horror que conlleva.

En definitiva, habremos hecho un buen uso de la angustia cuando logremos que su señal no se vea ensombrecida por su «despliegue», por lo insoportable de los fenómenos corporales provocados por la angustia. Es decir, cuando consigamos que la temida certeza de la angustia deje lugar a poder vivir por el deseo, sin mentirse uno mismo, dejando que dicha angustia se limite a ser solo una señal de lo más vivo que habita en nosotros.

Yo conmigo mismo

La confianza en uno mismo significa, entre otras cosas, estar consigo mismo, estar en sí mismo, sentirse bien consigo, ser independiente de los demás. Muchos no pueden construir un sentimiento del propio valor porque dan a otros poder sobre sí mismos. No están consigo, sino siempre con los otros. No descansan en sí mismos, sino que adquieren única y exclusivamente el sentimiento del propio valor recibiéndolo de los otros, de su benevolencia, de sus alabanzas, de sus gestos de confirmación. No son capaces de deslindarse de ellos. Todo lo refieren a sí, se sienten heridos por cualquier observación ingeniosa de los otros.

A tales personas les aconsejo que entren en contacto con sus propias agresiones. Por medio de la agresión soy capaz de deslindarme de otros. La agresión es el impulso de distanciarme del otro para poder estar conmigo mismo. Alguna vez a aquel que nos hiere habrá que echarlo primero de nosotros mismos. Tan solo cuando expulso a quien me ha herido puedo verle de manera más objetiva y perdonarle de corazón. Quien no es capaz de perdonar está siendo determinado por la persona que le ha ofendido.

Mientras estoy poseído por una persona distinta no puedo estar conmigo mismo, no puedo desarrollar un sentimiento del propio valor. Soy vivido por otros en vez de ser yo mismo el que viva mi propia vida.

Estar consigo es algo que puede tener distintos aspectos. Estoy conmigo cuando me siento a mí, cuando confío en mis propios sentimientos, cuando descanso en mí mismo. No dependo del estado de ánimo de otros, sino que estoy en contacto con mis propios sentimientos. Estoy conmigo cuando me siento en el cuerpo. Por ejemplo, si hago una carrera y a causa del esfuerzo físico me pongo a sudar, entonces estoy conmigo. Siento mi cuerpo y me siento bien dentro de él. Entonces no se me ocurre en absoluto la idea de poner en duda mi propio valor. Yo me siento, luego soy. No tengo que demostrar mi valor en realizaciones externas. Yo me siento. Eso me hace bien. De la misma manera que yo siento no siente nadie. Yo soy único. Yo soy yo mismo. Esto no es un conocimiento, sino una experiencia que me enseña mi propio valor singularísimo.

Muchas personas buscan las causas de sus problemas en los demás. Tendrían que aprender a estar consigo mismas, a descubrir la genuina razón y a desarrollar la sensibilidad hacia sí mismas, hacia sus sentimientos y hacia su cuerpo.

La decepción

Cuando alguien te decepciona.

Cuando alguien te falla duele, digamos las cosas tal y como son. Si es alguien conocido, al principio te puede molestar, pero al rato o al día siguiente «pasas», hablando en plata. La cosa cambia cuando alguien cercano (un amigo, un familiar…) te falla. Cambia de tal modo que el «pasar» se convierte en decepción, pena, abatimiento, soledad…

Siempre confiamos en que nuestros seres queridos no nos van a fallar, pues son nuestros seres queridos y, tal como nosotros no les fallaríamos a ellos, ellos no nos fallarán a nosotros. Ilusos… Ja, ja, ja. Nos van a fallar como cualquier otra persona. Y lo peor de todo: nos va a doler. No es un dolor físico (puede ser si te tiras llorando horas), sino un dolor de dentro, emocional, de los que duelen de verdad, de los que no hay medicina para aliviarlos. ¡Ese dolor duele! Duele cuando son los tuyos los que no valoran las cosas que haces; cuando son los tuyos lo que solo ven las cosas malas; cuando son los tuyos los que, por muchas cosas buenas que hagas, a la mínima cosa no buena te crucifican.

Seguramente, habréis hecho millones de cosas buenas, como yo. Habréis cambiado planes hechos desde hace semanas solamente para complacer a vuestros seres queridos, os habréis sacrificado un verano entero (el momento de vacaciones) por ayudar a algún ser cercano, etc., y todo esto sin rechistar y sin decir qué planes teníais. Solamente cambiándolos o incluso cancelándolos, nada más. Ahora bien, llega el día en el que esos planes son muy importantes y decidís ni cambiarlos ni cancelarlos. Señores, preparaos porque vienen curvas. Y de las que marean hasta echar la pota en el campo. Es ahí donde sueltan todo el agobio, el estrés, la frustración e incluso sus penas sobre ti.

Sí, es lo peor.

¿Por qué ser la diana de tus seres queridos cuando en realidad deberías ser otro más, no la diana de todos sus males? Están deseando que hagas algo para saltar, para llevar por el lado malo cualquier mínima palabra que salga de tu boca sin que tú puedas hacer nada. ¿Y qué haces? Callar porque no quieres herirlos con las verdades, porque no quieres pelear más, porque no vas a conseguir hacerles cambiar de opinión. Llevan años así.

Sé que a más de uno le ha pasado esto alguna vez, que ha tenido que aguantar los dardos de todos y que los que más duelen son los de los seres más queridos, los que no te esperas o los que esperas que no se vuelvan a repetir. Pero lo que duele de verdad es tener que aguantarte todo eso para ti y tener que poner buena cara, pues tú no eres de los que lo pagan con los demás.

¿Y cuando llevas un tiempo cambiando algo que otros querían que cambiaras (y que realmente era malo) y llega alguien y te dice: «No vayas a hacer eso»? ¿Ahí qué haces? Yo sentirme mal, sentir que lo que estoy haciendo no ha servido de nada, que no se han dado cuenta de que lo he cambiado o incluso que no lo han valorado.

¿Después de todo esto qué nos queda? Nosotros mismos. Nosotros, a fin de cuentas, nos tenemos a nosotros mismos. Somos quienes más nos conocemos y a quienes más deberíamos querer.

Con todo esto os digo (aunque parezca egoísta) que hagáis lo que a vosotros os apetezca hacer, sin hacer daño a otras personas; que os queráis a vosotros mismos por encima de todas las cosas; que os deis los caprichos que os dé la gana; que cumpláis los sueños que tengáis aunque haya cien personas diciéndoos que no. En resumidas cuentas, que penséis solo y exclusivamente ¡en vosotros!

Personalidades tóxicas

Ignorar a personas molestas.

Durante toda tu vida seguro que te habrás encontrado y te encontrarás infinidad de personas molestas. Personas que por naturaleza te sacan de tus casillas y, como por arte de magia, siempre suelen aparecer en tu vida para entorpecer tu desarrollo personal.

Sin embargo, cuando uno habla de ignorar a alguien y su influencia sobre ti, en realidad no conoce el tremendo esfuerzo que esto conlleva. Esfuerzo no porque la otra persona sea un obstáculo demasiado pesado, sino por la debilidad de ti mismo al intentar saltarlo. Parece irónico que al ser humano le cueste mucho más ignorar algo que enfrentarse a ello, pero así es.

No prestarle atención ninguna a alguien que está influyendo sobre ti depende de tu capacidad para controlar tus emociones, es decir, de tu inteligencia emocional. Existen muchas formas de influir en alguien, pero la gran mayoría se basa en las que afectan a sus sentimientos y emociones.

Puedes sentirte molesto por muchos actos que provocan los demás (algunos de forma consciente y otros inconscientemente), pero todo empieza a empeorar en el momento en que pierdes el enfoque y el control emocional sobre ti mismo. El problema no está en lo que te obstaculiza, sino en cómo enfocas ese obstáculo.

El poder de ignorar a ciertas personas o cosas que te suceden no es tan fácil como se piensa. Parece que puede hacerlo cualquiera, pero no todos tienen esa capacidad. El ser humano tiene el don perfecto para hacer de algo insignificante algo gigantesco y, de igual forma, tiene la habilidad de quitarle valor a algo que verdaderamente lo tiene para dárselo a quien no se lo merece.

¿Alguien te está molestando? Es porque tú permites que esa molestia te afecte. El arte de ignorar se basa en saber decirles a los demás que tú estás ahí porque tú quieres, porque tú lo permites y hasta el momento en que tú desees. Todo depende de ti y de tu control emocional.

Hay cosas que, sin duda, pueden afectarte y molestarte en mayor medida que otras, pero perder tu tiempo en resolverlas es esforzarte en que los demás se desarrollen y tú no. Si alguien te molesta, es mucho más fácil levantarse e irse de su lado que gastar energías y fuerzas en discutir con él o en hacerle ver que lo que hace es molesto para ti.

Si eres de los que necesitan demostrarles a los demás lo bueno que eres, adelante… Vive de lo que te rodea y aliméntate de lo que los demás te dan hasta que esto se agote. Yo soy de las que prefieren demostrarse las cosas a sí mismas y no me veo en la necesidad de demostrarte nada a ti ni a nadie de mi entorno.

Por tanto, si los actos de alguien llegan a molestarte, tu mente te está alertando para que actúes y hagas algo. Piensa siempre: «¿Me aporta algo utilizar el preciado tiempo del que dispongo en tratar de combatir y eliminar la molestia que me aporta esa persona?».

Si ignoro la lluvia y sigo adelante, me mojaré igual, pero habré conseguido que solo consiga mojarme y nada más. Seguiré igual y esperaré a que deje de llover para seguir con mi camino. No conseguirá alterarme, irritarme, sacarme de mis casillas. Y aunque consiga estropearme el día con su molesta presencia, eso no me afectará porque mi día lo manejo yo, lo dirijo yo y lo administro yo.

En este mundo no hay nada problemático ni molesto. Tu falta de inteligencia emocional es lo que les da a las cosas el poder de influir en ti, en tus actos y en tus pensamientos y, por consiguiente, en tu vida.

Nadie

Nadie llega a tu vida sin ningún motivo.

No hay casualidades. Todo tiene su razón de ser. Las personas no llegan a nuestra vida por suerte, juegos de azar o caprichos divinos. Llegan porque tienen que llegar. Aparecen de las formas más extrañas, raras, románticas, curiosas o simpáticas. A lo mejor no en el momento que más esperábamos, pero sí en el más adecuado. Aparecen no cuando las pedimos, sino cuando estamos preparados para recibirlas. Esa es la mágica sincronía de la vida.

Todas las personas que aparecen en nuestra historia traen consigo una lección aunque a veces ni ellas mismas se den cuenta. Una lección que puede durar cinco minutos en una conversación con un desconocido u otra que puede durar años con el amor de tu vida.

Las personas tienen «caducidad», «vigencia» o tiempo determinado. Algunas llegan por unas semanas; otras, por un par de meses; otras más, por unos años. No es cuestión de tiempo, sino de intensidad y del impacto que hayan tenido en nuestro corazón. Eso es lo que al final importa y lo que hace que nuestros sentimientos y emociones hacia ellas permanezcan para siempre. Más allá de la costumbre de estar, lo que importa es el amor.

Hoy, seguramente, muchas personas pasarán por tu vida. Aprovecha el momento. Estarán tal vez en un restaurante, conduciendo, a lo mejor trabajando por tu oficina, esperando en la cola del supermercado o simplemente caminando por la calle.

No importa si te topas con ellas por poco tiempo o se quedan el resto de tu vida; siempre tendrán valiosas lecciones que darte.

Nadie llega a tu vida sin motivo. Eso es lo realmente importante. ¿Qué me vendrán a enseñar?

La edad de una mujer
(mujer madura)

Cuando una mujer llega a los cuarenta entiende más cosas. Has llegado a la cuarentena, que ya es mucho, y de repente una madura a la fuerza, si es que la vida no te ha dado ya las suficientes tortas. Un día ocurre algo que hace clic y de pronto todo tiene sentido. Asumes que te van saliendo esas marcas de expresión inevitables que marcan los años de risas a los lados de los labios y esas pequeñas (aún) arruguitas a los lados de los ojos, que responden a un: «¿Que me has dicho qué?» que ya no te callas porque ya tienes cuarenta.

Lo que está claro es que las mujeres de cuarenta en adelante se serenan, son comprensivas, sensatas y encantadoras. Ponen ímpetu en las cosas y si no salen como ellas pensaban las dejan ir con pausada calma, con la calma de pensar que por algo tenía que ser así y que seguro que algo mejor está por llegar. Pero ya no pierden los nervios como en la juventud. Se lo dice la experiencia de años atrás. Son humanas, reales, lo dan todo y no temen a nada.

Todas ellas son encantadoramente seductoras, irradian energía, sonríen a la vida a pesar de las dificultades por las que han pasado o están pasando. Algunas han sufrido verdaderos sustos por sus hijos y otras han ido a buscarlos a otro país porque su cuerpo no les permitía tener los suyos propios (otra valiente de rizos). A pesar de malos momentos y baches con sus parejas, han conseguido remontar, salir de entre las cenizas como verdaderas aves fénix y ahora siguen felices con sus vidas y con ellos. Todas hemos pasado por cosas o estamos peleando en medio de alguna guerra, pero nuestra edad y experiencia nos aseguran que en algún momento pasará y con el tiempo no será más que un recuerdo del pasado.

Todas son maravillosas y tienen carácter y estilo personal. Se los da la edad. Cuando tienes menos de veinte sigues siendo una niña, no tienes experiencias, no sabes ni siquiera qué es lo que realmente quieres de la vida. Entre los veinte y los treinta tienes un millón de preguntas por resolver. Tu vida sexual es desproporcionada y loca. La vives a tope, eso sí, pero parece que no tiene rumbo, que va sin control. De los treinta a los cuarenta ya te vas tomando la vida en serio. Posiblemente hayas encontrado a alguien con quien compartir tu vida en pareja y eso de ser madre te ronda la cabeza con más ímpetu. Es el «ahora o nunca».

Pero después de los cuarenta la cosa cambia y mucho. Maduras, ves las cosas con otra perspectiva, te serenas y tomas las riendas de tu vida con la seguridad que marca tu edad. Sabes lo que quieres y con quién lo quieres. Por lo general, te importa un pimiento lo que piense la gente de ti, porque todo el mundo tiene su opinión y lo que los demás piensen de ti no es asunto tuyo.

Cuando una mujer de cuarenta tiene una pareja nueva, le encanta presentarle a sus amigas. Generalmente, una de veinte, mucho más inmadura, se olvida de ellas o las ignora, que es mucho peor. Y si no sale bien, lo de «pasar hoja», «tú pierdes más que yo» y «a otra cosa, mariposa» se le hace muchísimo más fácil que cuando era más joven: una no tiene ya ni un minuto que perder con un hombre que no la aprecia lo suficiente o que no confía en ella.

Las mujeres de cuarenta o más son honestas y directas y tienen ese famoso sexto sentido más que desarrollado. Sin decirles nada, saben perfectamente lo que piensas. Además, ya no tienen pelos en la lengua y te dicen directamente que eres un insensato (por no decir algo peor) si es realmente lo que piensan de ti.

El maquillaje a esta edad es sutil, realza la belleza que tiene una naturalmente. Algo de maquillaje suave, un poco de colorete, rímel y un color suave o un poco de brillo en los labios. Ya no te matas por las sombras de ojos que están de moda, diferentes tonos de maquillaje para pómulos, cuello, sienes o nariz ni tampoco labios de colores estridentes. No, no, nada de eso. Reconocemos la belleza que tenemos de forma natural y además no tenemos mucho tiempo para más. Aunque sí es cierto que el antiojeras aparece en nuestras vidas cuando aparecen también los niños y las noches en vela.

Pero somos inteligentes, amamos la vida y lo vivido, tenemos experiencia en muchos campos, apreciamos las cosas que tenemos y que hemos conseguido por nosotras mismas y, por supuesto, seguimos sexis.

Ahí queda eso.

«Lo más importante que aprendí después de los cuarenta fue a decir que no cuando es no».

«Nunca dejes de sonreír, ni siquiera cuando estés triste, porque no sabes quién se va a enamorar de tu sonrisa».

Y ahora que opine el que quiera.

El silencio

El silencio es un vocablo que normalmente asociamos con disciplina, estructura, orden y concentración. Se entiende como la ausencia de ruidos o abstenerse de hablar; sin embargo, tiene una acepción más profunda que puede llevarnos a un mejor entendimiento de nosotros mismos y nuestro entorno. Lo que buscamos al referirnos al silencio es encontrar nuestro espacio vital interior. Al explorarlo encontraremos que es tan grande como el universo que nos rodea. Nuestro espacio vital interior es infinito. La verdadera expansión del ser humano es hacia dentro y no hacia fuera.

El silencio interior solo sucede cuando la mente funciona correctamente, es decir, cuando no hay residuos. Solo así los datos y sentimientos fluyen normalmente. Los datos rara vez ocupan un lugar en la mente, solo cuando se manifiestan como conductas obsesivas, que duran poco y desaparecen por sí solas. Pero los sentimientos siempre ocupan lugar en la mente, tanto en el consciente como en el inconsciente. Siempre que los recuerdos generen remordimientos (culpa, odio, rencor, etc.) estaremos acumulando y atiborrando nuestra mente, por lo que nos será difícil, si no imposible, captar algo verdaderamente nuevo, reflexionar bien y concluir sanamente.

¿Qué hacer para estar en silencio? La respuesta es sencilla; el proceso no tanto. En primer lugar, hay que enseñarnos a convivir con nuestros sentimientos y aceptarlos de una manera cariñosa. Así como fuimos condicionados por sociedad, cultura y religión a racionalizar y reaccionar de cierta manera, igualmente podemos con tiempo, cariño y constancia entrar en nuestro vasto interior y convivir con nosotros mismos. Cambiaremos el reaccionar por el observar y nuestra comprensión será mejor. Después basta con cerrar los ojos y escuchar nuestra respiración; aquello que nos aqueja se presentará solo y lo único que debemos hacer es observar y nunca (jamás) juzgar.

Finalmente, la sucesión de imágenes y recuerdos se detiene. Es entonces cuando se tiene la mayor experiencia del «ser» y no del «hacer».

El silencio es el cese de la actividad mental ruidosa. Es descanso que se detiene. Deja de haber tiempo en la mente: hay quietud, hay silencio. Así que quedémonos en silencio y enfrentemos nuestros miedos a solas, adentrándonos en las profundidades de nuestra propia mente, porque en el silencio yo me escucho.

La intuición

¿Alguna vez te ha dado la impresión de que sabías algo sobre una persona en el momento mismo de conocerla?

Hay algunas personas en las que uno confía de forma instintiva y, en cambio, otras de las que uno desconfía. ¿Alguna vez te ha dicho alguien: «Confía en mí» y tú has sentido que no debías hacerlo? ¿Has lamentado haber confiado en esa persona? A veces sentimos cosas que sencillamente no nos podemos explicar.

Puede darse el caso de que desees comprar un coche usado, que encuentres uno que realmente te guste y cuyo precio sea adecuado y que, sin embargo, tengas una sensación imposible de explicar, como si una voz dentro de ti estuviera diciendo: «No, no lo compres. Aquí pasa algo raro». ¿Alguna vez has hecho caso omiso de esa sensación y posteriormente has deseado no haber actuado de ese modo? Tales sensaciones son como presentimientos. No conozco a nadie que no haya tenido algún presentimiento. Tampoco conozco a nadie que no haya tenido que lamentar el no haber hecho caso de un presentimiento.

Los presentimientos con frecuencia dan en el clavo aun cuando muchas veces no tengan sentido. Algunas veces experimentamos una sensación que no somos capaces de explicar, basada en lo que hemos aprendido. Esta idea parece provenir de nuestro interior. Por muy extraño que parezca, tal idea suele ser exacta. Por supuesto, estoy refiriéndome a la intuición.

Con frecuencia se define la intuición como un saber que no se sirve de los sentidos ni tampoco de la razón. Entre otras razones, porque son conocimientos directos. Sencillamente, están allí. Se trata de unos conocimientos misteriosos, salidos de la nada, que te salen al paso y te piden que los aceptes aun cuando no encuentres ninguna explicación para ellos.

El término intuición es una palabra corriente. Sin embargo, encierra un misterio. La intuición siempre ha representado un desafío para los pensadores. Hace pensar en una realidad que, sea como fuere, es diferente o escapa a la percepción sensorial y a la razón. Cuando intuyes algo, posiblemente te preguntes en qué te basas para saber eso. Tal vez tu intuición te ayude también a comprender la idea de que somos un canal. Así que potencia tu intuición, despierta tu forma de pensar y ponla a tu favor.

Muchas veces la intuición es tu amiga.

Amigos

La calidad y la cantidad de amigos.

Quizás te has hecho alguna vez esa pregunta: ¿merece la pena tener muchos amigos o pocos y que sean buenos?

Pensando en la cercanía de la relación, puedes tener tres tipos de amigos en tu vida:

Los basados en una necesidad.

Los basados en la diversión.

Los basados en amor y confianza incondicional.

De acuerdo con las personas que practican la psicología positiva, hay una serie de hábitos que hacen a la gente feliz. A través de la práctica de estos hábitos te puedes acercar más a la felicidad y a tus propósitos en la vida a pesar de tener que afrontar los desafíos que a todos nos toca vivir alguna vez. La mayoría de estudios sugieren que teniendo una sola relación cercana con la que se pueda contar es suficiente para combatir la depresión y aliviar la soledad. Esa «pieza» de apoyo no solo tiene la función de dar ayuda, sino de recibirla, ya que dar apoyo a los demás también nos hace felices.

¿Te sientes solo incluso cuando tus amigos están contigo? Si es así, necesitas evaluar tus relaciones personales para mejorar tu satisfacción vital.

Como te comenté al principio del artículo, generalmente hay tres tipos de relaciones de amistad:

Las basadas en una necesidad.

Las basadas en la diversión.

Las basadas en amor y confianza incondicional.

Es normal y está bien tener las dos primeras relaciones de amistad en tu vida, siempre y cuando tengas al menos una de la tercera.

La primera clase de amistad, basada en la necesidad, solo dura mientras la necesidad se mantiene. Una vez que ha sido superada, la relación tiende a disolverse. La segunda, basada en la diversión, puede durar muchos años, pero le faltan la cercanía y la confianza de una verdadera relación de amistad.

La tercera clase de relación, basada en el amor, la confianza, la lealtad y la honestidad, es la que prevalece a pesar del paso del tiempo, la distancia o las dificultades. Son las relaciones en las que has visto a tu amigo «en el punto más bajo» y él a ti, aunque los dos habéis estado presentes para apoyaros. Es el tipo de relación en el que los amigos pueden pasar meses e incluso años sin verse o hablarse, aunque al volver a reencontrarse la relación continúa fluyendo. Es el tipo de relación que todo ser humano necesita.

Si crees que no tienes en tu vida esa clase de relación, no te desesperes. Esta clase de relaciones requieren años para desarrollarse, aunque luego duran toda una vida. Se trata de confiar lentamente en los demás y abrirse mientras los otros hacen lo mismo.

También interviene el «factor personalidad», a partir del cual dos personas podrán congeniar y mantenerse en armonía. Tomará tiempo y esfuerzo construirlas, aunque, cuando se establecen, ese amigo estará ahí en las buenas y en las malas, ayudándote a estar sano y feliz.

Yo, particularmente, me siento dichosa con los amigos que tengo (ya en su momento hice una limpieza exhaustiva y vi quién estaba ahí de verdad), los que ya estaban y los que han ido apareciendo a través de mis nuevas experiencias. Así que doy gracias por la amistad que vivo con ellos y prefiero valorar la calidad que la cantidad.

Ahora te hago esta pregunta, la cual es muy importante: ¿y tú qué tipo de amigos tienes?

Personas altamente sensibles

¿Eres una persona altamente sensible?

La alta sensibilidad es un rasgo de carácter, pero eso no significa que no se pueda trabajar y moldear, ya que un exceso de sensibilidad mal llevado puede pasarte factura en muchas áreas de tu vida, principalmente en tu salud.

Las personas con alta sensibilidad son aquellas que reaccionan de forma muy intensa al entorno, pues poseen un sistema nervioso más refinado, que les convierte en muy buenas antenas receptoras. De esta forma, tienden a cargarse de información, emociones y a veces de responsabilidades que no son tuyas.

Rasgos de las personas altamente sensibles

Estos son algunos de los rasgos que definen a las personas con alta sensibilidad:

- Exceso de emotividad.
- Sensibilidad ante la crítica y el juicio externo.
- Se cansan rápidamente; por lo general, tienen baja energía.
- Sensibilidad a los ambientes y lugares.
- Sentido de la belleza y talento artístico.
- Poseen una visión más profunda.
- Son perfeccionistas y se frustran rápidamente ante los fracasos.

- Necesitan un tiempo para estar a solas.
- Entregadas con los demás.
- Capacidad de implicación cuando algo les apasiona.
- Empáticas.
- Observadoras.

¿Cómo canalizar un exceso de sensibilidad?

Tener un exceso de sensibilidad puede ser un rasgo muy positivo si se canaliza de forma adecuada, pero cuando no es así un exceso de sensibilidad te puede pasar factura en muchos aspectos de tu vida:

- Bajo tono vital.
- Cansancio.
- Cambios de humor.
- Fatiga crónica.
- Ansiedad.
- Depresión.

Una persona altamente sensible tiene que ser muy consciente de esta cualidad para de esta forma poder manejarla a voluntad y no sentirse abrumada ante determinadas circunstancias o personas.

El «problema principal» es que estas personas no poseen fronteras energéticas y se saturan con mayor facilidad. Eso se debe a que van recogiendo un montón de información y emociones del ambiente. Como normalmente este proceso ocurre de forma inconsciente, desconocen mecanismos para liberarse y drenar todo aquello que les sobra y que muchas veces pertenece a otras personas.

Es vital a todos los niveles que aprendan técnicas para liberarse de todo aquello que van recogiendo para de esta forma dejar de ser un sumidero donde se vierte todo lo negativo de los demás.

Recuperar el equilibrio interno

Estas son algunas propuestas que pueden ayudarte si eres una persona con alta sensibilidad:

1. El ejercicio físico. Correr, saltar, nadar o cualquier tipo de ejercicio te ayudará a soltar lo que no necesitas para liberarte de tensiones tanto físicas como mentales.
2. La respiración. También puede ayudarte a relajarte, centrarte en ti mismo y soltar tensiones internas.
3. Técnicas energéticas. Cualquier técnica energética (sea esta *chi kung*, reiki o yoga) practicada de forma continuada en el tiempo también será una puesta a punto para recuperar el equilibrio en tu día a día.
4. La meditación. Es imprescindible para soltar y ordenar toda la información que recibes y llevar a la papelera de reciclaje toda aquella información que no necesitas.
5. La naturaleza. La naturaleza vibra en armonía y equilibrio. Será tu principal aliado cuando te encuentres al borde del colapso y la desesperación.

Si estas indicaciones le vienen bien a cualquiera, cuando se trata de una persona altamente sensible se convierten en requisitos imprescindibles para encontrar el equilibrio en la vida diaria.

Te invito a que pongas en práctica estas propuestas. Y recuerda que si un exceso de sensibilidad te desborda, te limita o dificulta tus relaciones con los demás, es importante que busques formas para comprenderla y darle una salida positiva. Tu calidad de vida te lo agradecerá.

Complacer a los demás

Este tema va dedicado a una persona con la cual he tenido una charla muy interesante. En cierto modo, pienso que todo el mundo en algún momento ha intentado complacer a los demás.

Existe una relación directa entre la falta de autenticidad, congruencia u honestidad y la ansiedad. Al dejar de ser tú mismo siempre y en todas ocasiones, mostrándote tal como eres, tienes que esforzarte por ser alguien que no eres. Y eso, por sí mismo, genera tensión y estrés. Te aleja de tu esencia, de tu centro de poder y sabiduría; pierdes la brújula de hacia dónde vas; vives pensando en el futuro, en el qué dirán; y te pierdes el presente y encontrarte contigo mismo, haciéndote después sentir ansioso sin ninguna aparente explicación.

Tú mismo te has encerrado en un cascarón del que es difícil escapar. Lo bueno es que tú mismo puedes romperlo y salir. Nadie más lo hará por ti.

¿Cómo sé que no estoy siendo auténtico? Si quieres estar quedando bien con todos los demás todo el tiempo y quedar mal te genera estrés y ansiedad. Estás luchando constantemente por ser congruente con una imagen que has ido creando, la cual crees que les agrada más a los demás. De este modo:

- Haces cosas que realmente no quieres hacer (pero las tienes que hacer para mantener esa imagen).
- Dices estar de acuerdo con lo que realmente no estás.

- Dejas de hacer lo que te gusta, lo que te apasiona y motiva, porque los demás no lo hacen, no te entenderán o te criticarán.
- Dejas de pedir lo que quieres, lo que necesitas, lo que esperas recibir de los demás.
- Pones cara de felicidad cuando realmente estás triste.
- Sales con personas con las que realmente no disfrutas estando.
- Te vistes de tal manera que encajes o para que los demás te puedan aceptar.

Dime, ¿cuándo no eres auténtico?

¿Y todo esto para qué lo hacemos? Para no enfrentarnos a la posibilidad de ser vistos mal por los demás y ser rechazados, perder su amor, su aceptación, su cariño o su admiración.

Tú crees que manteniendo esa imagen los demás te querrán siempre, pero yo pregunto: ¿para qué quieres que te quieran si quieren a alguien que no eres tú? Mejor que te quieran los que te conocen tal y como eres.

Muy probablemente estos miedos a que te rechacen suceden solamente en tu mente. Seguramente, al expresarte auténticamente los demás, los que realmente están contigo por tu esencia, te seguirán queriendo. Al principio se quedarán extrañados con tu actitud diferente. Dirán que no eres así, que desde que vas a terapia has cambiado, que últimamente actúas muy raro (pidiendo lo que quieres, expresando tus inconformidades, haciendo lo que disfrutas…), pero es un proceso en el que tendrán que integrar la idea de que no eres «todo lindo y bondadoso», pero que sí sigues siendo el mismo lindo y bondadoso, un lindo que dice lo que piensa, hace lo que le motiva y camina hacia donde quiere en esta vida.

¿Cuál es la imagen que has tenido que inventarte para ser aceptado?

¿Cuáles son las diferentes máscaras que te pones según el lugar en el que estás para encajar o dar un mensaje específico?

¿Qué has callado por miedo a que te rechacen o critiquen?

¿Qué has dejado de hacer por miedo a no ser aceptado por los demás?

Nostalgia, melancolía y depresión

Hay quienes dicen que la melancolía del mundo es la brisa suave que suspira tímidamente por las tardes. Hay otros que afirman que es la llovizna que empapa el terciopelo gris de los nublados. Hay melancolías que caben en un suspiro y otras se guardan en miradas. Hay quienes besan los recuerdos y se quedan vigilando las esperas. Hay quienes abren y cierran cajitas de música para acompañar el silencio de las lágrimas.

Muchas veces utilizamos como sinónimos las palabras melancolía y nostalgia; sin embargo, tienen sutiles diferencias y matices. La melancolía posee más relación con el pasado; la nostalgia, en cambio, con el presente. Se siente melancolía de cosas que fueron y que no se sabe si volverán a ser. De ahí que se produzca cierta añoranza. Se experimenta nostalgia, en cambio, de realidades que están de algún modo presentes, pero no tan plenamente.

La diferencia entre melancolía y nostalgia se da en relación con el tiempo: respecto al pasado y al presente. Se excluye el futuro porque no podemos sentir añoranza por aquello que todavía no se ha dado. Se añora lo que fue o lo que está siendo.

Si bien existe esta diferencia entre melancolía y nostalgia, son sentimientos hermanos y muy semejantes. Ambos guardan estrecha relación con cierta tristeza. La melancolía y la nostalgia son una especie de tristeza privada de su angustia. Es una tristeza suave y mansa que solo añora, anhela o desea lo que fue (por haberlo perdido) o lo que está siendo (por querer vivirlo aún más plenamente).

La melancolía y la nostalgia, a pesar de alimentarse de cierta tristeza, son en sí mismas sentimientos sanos. No tienen relación con una enfermedad muy extendida actualmente, la depresión, que influye en el organismo, en el ánimo y en la manera de sentir, pensar y actuar. Un trastorno depresivo no es lo mismo que un estado pasajero de melancolía o tristeza. Tampoco indica una debilidad personal. No es una condición de la cual uno pueda liberarse a voluntad.

En la depresión el paciente se siente hundido, con un peso agobiante sobre su vitalidad y su energía para vivir y hacer las cosas. En algunos casos extremos llega a plantearse hasta el sentido mismo de la existencia. Es una sensación muy profunda, arrasadora. Se va perdiendo el sabor y el placer de vivir. Se experimenta una tristeza patológica que interfiere negativamente en la vida cotidiana, tanto en lo social como en lo familiar y personal. La persona se considera incapaz de casi todo lo que habitualmente solía hacer, lo cual aumenta sus sentimientos de culpa o de inutilidad. La desgana la torna apática, no tiene ganas de nada y nada le procura placer. La ansiedad y la desazón pueden variar en mal humor, irritabilidad y agresión. También puede padecer insomnio y alteraciones del pensamiento, surgen ideas derrotistas y obsesiones, la memoria se debilita y la distracción se torna frecuente. Se experimenta una persistente sensación de fatiga o cansancio y la persona vive arrinconada, rumiando sinsabores y fracasos. Le resulta difícil tomar decisiones, alimenta sentimientos autodestructivos y pierde la valoración y la autoestima.

Muchas veces la depresión es llamada la «enfermedad de la tristeza». Sin embargo, no toda tristeza causa necesariamente depresión. Cuando incapacita para los vínculos sociales, la acción inmediata o la proyección al futuro estamos ante la posibilidad de un estado depresivo.

También es cierto que hay personalidades con tendencias depresivas, estados de ánimo permanentemente tristes, cabizbajos, desanimados, pesimistas, con poca autoestima, tendencia a la autocrítica y extremadamente vulnerables y sensibles. Aunque la depresión puede darse en cualquier personalidad, ya que todos tenemos que lidiar con altibajos, frustraciones, dificultades, sinsabores, heridas, equivocaciones y errores. Debemos procurar ser los mejores estabilizadores de nuestro ánimo y saber manejar las emociones, sentimientos y pasiones.

En la depresión la melancolía y la nostalgia pueden estar acentuadas de manera muy aguda, lo cual no significa que toda melancolía o nostalgia necesariamente deriven en una depresión. ¿Quién no se ha sentido alguna vez nostálgico o melancólico, creyendo que ha entrado en una depresión? Por ello es bueno indagar en estos sentimientos desde su sanidad, descubriendo las potencialidades que nos estimulan y despiertan en nuestro ánimo.

Lo imposible

Sí, aléjate de lo imposible y comienza a convertirlo en improbable. Cuando sea improbable, trabaja en las probabilidades para que alguna de estas se convierta en posibilidad y la posibilidad resulte un éxito. Hablando en plata: deja de vivir la vida que otros quieren que vivas y empieza a vivir la tuya. El tiempo pasa (y no despacio) y todo aquel tiempo que no estés disfrutando se convertirá, automáticamente, en tiempo que estás perdiendo.

Hay cosas que son como son, pero hay muchas otras que, por suerte, pueden ser como quieres que sean. Siempre aparecerá algún atrevido que te malaconseje de forma resignada y firmando bajo la voz de la experiencia. Una experiencia que ellos atribuyen automáticamente a la edad. Pero créeme, te aconsejan desde la cobardía. Sí, esa cobardía que a ellos les ha impedido luchar por algo por miedo a fracasar o porque alguien les convenció anticipadamente de que no se merecían tal éxito. Fracasaron cuando se lo creyeron. Cuando alguno de estos sabios aparezca en tu vida con ganas de fastidiar tus ilusiones, espero que tú ya hayas tenido tiempo de enamorarte de ti y, por lo tanto, sepas que esa no es la pelota que a ti te toca recoger.

Ojo: evidentemente, existen sueños imposibles. Los reconocerás en las palabras de otros cuando te percates de que esa persona no ha troceado su sueño para convertirlo en pequeños objetivos alcanzables que algún día le permitiesen llegar a él. Sueños imposibles son también aquellos que tú ya catalogaste de imposibles y que nunca te has tomado en serio.

Es posible que no consigas lo que en su día te prometiste. Es posible que te frustres y creas que la ilusión y los sueños son para aquellos tontos que aún no se han tomado la molestia de crecer. Es posible. No dije que la garantía de éxito hiciese brillar a cada uno de los casos. Yo dije que siempre que un sueño venga sostenido por la motivación y la ilusión, la carretilla puede dirigirse al objetivo con muchas más probabilidades de éxito si se ha trabajado en una buena estrategia.

Siempre he creído que, en el peor de los casos, uno no debe renunciar a sus sueños, sino adaptarse a ellos. Si realmente tu sueño se merece esa palabra, sucederá como con la energía y sencillamente acabará transformándose en una vertiente de él en la que puedas finalmente disfrutar de alguna de sus formas. Por ejemplo: si mi sueño es ser escritora, pero no consigo vivir de lo que escribo, ¿acaso dejaría de escribir? Absolutamente no, porque escribir es una de mis mayores pasiones. Por lo tanto, buscaría otras formas donde el ejercicio de escribir continuase presente en mi vida. Si consiguiese llegar a gente a la que le gustasen mis textos, la mitad de mi sueño ya se habría cumplido.

A eso me refiero, a no abandonar una pasión que te hace feliz por el hecho de no haber conseguido realizar tu sueño en todo su porcentaje. A eso me refiero con adaptarse y no renunciar. A eso me refiero cuando digo que si has renunciado quizás es porque no lo deseabas tanto. Porque, como todo en la vida, nada es solo blanco o negro. Existe un abanico precioso de posibilidades, de variantes y de opciones que se te presentan a cada paso o tras cada posible «derrota», pero debe haber un motor-motivación que encienda tu máquina de nuevo cada vez que esta se te cale. Es decir, que aquello a lo que tú le llamas «sueño» esté a la altura de la pasión que tú sientes por él. Que las raíces o el cemento sean pasiones reales que te muevan a ir sembrando semillas por el camino, no en el aire. Que sueñes por las noches, pero te pongas las pilas cada mañana. Que trabajes en formas de conseguir que tu vida sea la que siempre querías que fuera y que tú te conviertas en el que soñaste ser.

Como dije antes, hay cosas que son como son. Por lo tanto, construye castillos de arena que sean de arena y no de aquellas nubes que lo único que hacen es que te distraigas y pierdas el tiempo que, precisamente, necesitas para que tu vida se convierta en la mejor versión de sí misma.

Y entonces, cuando cada uno se implique en lo que cree y luche por conseguir lo que le motiva, las cosas cambiarán porque empezaremos a ser coherentes con nosotros mismos.

El arte de saber decir que no

A lo largo de mi vida me he encontrado con muchas personas que anteponen el complacer a los demás a satisfacer y desarrollar sus propias necesidades. Y voy a ser sincera: a mí misma esto me ha ocurrido y me ocurre cientos de veces, aunque intento que sean las mínimas.

Se requiere cierta valentía y osadía para articular un «no». Una vez pronunciado, se desvanecen muchos fantasmas, se desintegran muchos dragones y se libera una carga que no permitía sanear ciertas interacciones con las demás personas. Con el «no» pronunciado y disolviéndose en el aire, también se desintegran todos los conceptos que no permitían florecer una negación.

Decir «no» y expresarlo con total libertad, sin prejuicios y con naturalidad debería ser lo más espontáneo en nosotros y no, en cambio, extraer dicha palabra envuelta en un manto dubitativo que recae en el cómo proceder. Decir «no» puede ser una gran carga de ansiedad porque, por un lado, se encuentra nuestro deseo a negarnos; por otro, los «deberías»; y por otro, el *shock* del momento. Ante ese enredo de circunstancias, nuestro «no» queda debilitado, se mantiene en el banquillo y queda resguardado bajo la sombra de nuestra indecisión. El «no» está, del mismo modo que su anhelo a ser expresado, pero le falta emerger, liberarse de las cadenas que le impiden ser manifestado.

Ante el hecho de no expresar un «no» quedan al descubierto muchas deficiencias emocionales. Vemos al decir «no» que estamos atentando contra los derechos de quien nos pide y sentimos una culpa que recae en nosotros si no aceptamos directamente. Situamos nuestros intereses en una posición en la que los de los demás siempre están por encima, creyendo con ello que eso nos hará más merecedores de ciertas recompensas, entre otras cosas. Creemos que al decir «no» por sistema estamos debilitando el ego, cuando en el fondo dicho ego también busca la atención mediante dicho comportamiento.

Un «no» a tiempo, lúcido, cabal y discernido es síntoma de salud emocional. Nos mantiene firmes en nuestra dignidad como seres humanos y no tambaleantes ante nuestra integridad.

La forma más simple y directa de decir «no» es no pensar tanto en decir «no» y decirlo directamente. Te sorprenderás de ver que la reacción del otro no esta tan mala como imaginamos.

Para aprender a pronunciar un «no» hacen falta coraje, empatía, fortaleza, paciencia y persistencia. Para cambiar los viejos patrones hace falta práctica. Afortunadamente, cada uno de nosotros tiene muchas oportunidades para practicar cómo decir «no» todos los días. Tómalo como un ejercicio diario que se irá haciendo cada vez más fuerte. Con práctica y reflexión, cualquiera puede mejorar mucho en el arte de decir «no». Os deseo el éxito, que solo llega cuando somos auténticos con nosotros mismos y respetuosos con los demás. Y recordad: no es ni más ni menos que defender la asertividad.

El beneplácito de la duda

La duda, ese conflicto, esa lucha. A veces ese malestar, esa ausencia de paz con los propios pensamientos, esa falta de comodidad, esa falta de descanso son un pensamiento completo propio.

Las dudas son la sombra de una decisión. Como tales, deberían existir después de las decisiones que hemos tomado. Pero a veces se nos presentan como sombras alargadas, enormes, que simplemente proyectaron otros y corremos a alejarnos de ellas. O corremos a ponernos bajo ellas para pasar el resto de la vida allí, sin plantearnos siquiera si esa sombra nos llevará a algún lado.

La duda es en sí un paréntesis entre pensamiento y pensamiento, entre decisión y decisión. Tomo la decisión de no volver a hacer algo y proyecto una sombra en la que, sin que me vean, me cobijo para cerrar el capítulo de la decisión que tomé por unos momentos, a veces más largos que otros. ¿Habré hecho bien? ¿He hecho lo correcto? ¿Tenía alguna otra alternativa que no vi? ¿Me habré precipitado? ¿Habré cambiado mi vida innecesariamente?

Decisiones y dudas, dudas y decisiones. Ambas inevitables. Ambas imprescindibles. Ambas.

No se puede vivir sin decidir, no se debe vivir sin dudar. La duda es el motor, es la guía del camino, es el rotulador que nos señala nuestros límites para vivir, los que existen en cada momento de nuestros días. La duda es el único camino para una vida con verdadero sentido, lo cual no quiere decir que dudar sea algo agradable, claro está. Pero ¿a quién en su sano juicio le gusta la medicina más necesaria? Solo cuando uno comprueba el efecto curativo de esa sustancia amarga la tolera de buen grado.

Dudar es necesario, pero también peligroso. Es como estar mirando la maqueta de tu vida, pulsando la solidez de los materiales de los que se componen las decisiones; es como estar mirando a un punto fijo sabiendo que justo a tu lado está ocurriendo algo aterrador. Y sigues mirando a un punto fijo, rebuscando desesperadamente en tus pensamientos un motivo convincente para no mirar aquella cosa aterradora que entrevés con el rabillo del ojo. Y sigues mirando a un punto fijo.

Además de dudar por motivos que otros fabricaron, el peligro de dudar es que es muy fácil solo dudar. Miro la maqueta de mi vida, los planos de cómo debería ser, y no me pongo a hacer otra cosa.

Se puede vivir dudando, incluso sin saberlo, pero no se debe porque vivir dudando es simplemente ir arrancando las hojas del almanaque, un almanaque propiedad del vecino. Puede que el que vive de esta guisa piense que algún día recibirá el máximo galardón en las olimpiadas de la prudencia. Sin embargo, el peligro de vivir dudando es que uno es presa del vicio de dudar e, igual que compra las dudas que, como sombras alargadas, han proyectado otros, termina comprando también las decisiones de esos otros, porque de tanto dudar ya no sabe qué decidir.

Pero aún más triste que vivir dudando una y otra vez es instalarse definitivamente en la duda. En la duda se está fresco, se está limpio, se está incómodo pero a salvo. Porque dudar es desagradable, pero, al fin y al cabo, si decido hacerlo y sé que lo hago, lo haré sumido en pensamientos que yo mismo he fabricado.

Vivir en la duda es no saber decidir y asumirlo, es dejar que otros lo hagan, es permitir que la vida le coja a uno del cuello y no le permita avanzar, es permitir que las hojas del almanaque caigan con más peso que el mismo plomo, porque uno llega a creer que el resto de lo que le queda por vivir será una sucesión encadenada de dudas que solo tienen sentido porque una vez creyó que dudar era lo más sensato.

Vivir en la duda es no querer vivir fuera de ella, es no querer asumir que vivir es decidir dudando. Venimos de una duda para decidir y dudar sobre lo que hemos decidido para volver a decidir. El principio del fin pasa por darles más importancia que al resto a algunos de los eslabones de esa cadena.

Dudar es ponerle todo el cariño al arte de decidir. Una vez decidido esto o aquello, la vida se presentará bajo la más maravillosa de sus manifestaciones. A veces no ocurre, pero son las menos, y rara vez es culpa solamente de no haber decidido lo correcto.

¿Entonces para qué tanto tiempo dudando?

La primavera

Nueva actitud ante la primavera.

Estamos en días previos a la llegada de la primavera. El cielo empieza a estar increíblemente azul y el gorjeo de las golondrinas es una maravillosa banda sonora para esta preciosa mañana. ¡Entramos en una nueva época del año! Soy una persona a la que le gusta encontrar el encanto de cada estación. El invierno y el otoño, mi estación preferida, son ideales para estar en casa y disfrutar del refugio del hogar, amenizando las tardes con libros, pintando, viendo películas y dando paseos cuando el tiempo lo permite. Pero ahora llega el tiempo de disfrutar de otra manera: callejear, disfrutar de la naturaleza, pasear por la playa, leer bajo la sombrilla mientras escuchas el murmullo del mar, las terrazas, las bicicletas…

Sin la actitud alegre y optimista que estoy plasmando, hoy sería un día normal y ordinario. Posiblemente, lo pasaría sin tener nada especial que destacar. Si no tuviera la predisposición de ser feliz, no estaría siendo consciente de lo afortunada que soy por todas las cosas que poseo. Y no hablo de cosas materiales, sino de cosas mucho más importantes como, por ejemplo, los sentidos que me permiten disfrutar de mi entorno: la vista, que me permite disfrutar del día que hace; la sensibilidad de mi piel, que me permite sentir el placer del sol calentando mi cuerpo; mis oídos, que me permiten disfrutar del gorjeo de las alegres golondrinas…

Si no tuviera una actitud agradecida, no sería consciente de toda mi fortuna, de la fortuna que tengo por despertarme por la mañana escuchando a los pajarillos cantando, por tener a mis perros, a mi familia, a mis amigos. De la fortuna que tengo por tener una amiga con la que poder quedar esta tarde para ir a pasear, por mi tiempo libre, por el lugar donde habito… Todo esto tiene valor porque yo se lo doy.

A veces se nos olvida cuán responsables somos de nuestras vidas y el poder que tenemos para cambiar nuestro estado de ánimo. Todas las situaciones en la vida, absolutamente todas, nos afectarán de una manera u otra según nuestra actitud ante los hechos. Y quizás ahora mismo no sea uno de mis momentos mejores. Desgracias nos pasan a todos, pero no a todos nos afectan igual. Y son muchísimas las personas que tienen lo suficiente para ser felices, pero no lo son. ¿Entonces cuál es su problema? La actitud. Tengo que valorar las cosas positivas de estar en esta situación y, teniendo esto en cuenta, ver qué es lo mejor que puedo hacer por mí. Debo estar atenta para conocer cuál es mi actitud en cada momento, hacerme responsable de ella y aprender qué de nuevo me trae esta circunstancia actual. Seguro que algo mejor.

Dedico este *post* a todos aquellos a los que les apetezca reflexionar sobre él y a mí misma porque, aunque hace tiempo que aprendí la lección, algunas veces también se me olvida.

Predisponeos a ser felices y a mantener una actitud positiva. ¡Todo llega!

Al despertar

Hacía días que no podía escribir. Y escribir para mí se ha convertido en una especie de encuentro conmigo misma y, de alguna manera, con aquellas personas que me regalan un poco de su tiempo para escucharme, para acompañarme en mi proceso de vida aunque sea tímidamente, sin apenas emitir ningún sonido al entrar.

Esta semana la empecé con una sensación de desánimo, de tristeza. A veces me cuesta comprender más que aceptar a las personas a quienes quiero. A veces me siento no correspondida, no comprendida, un poco ignorada o sencillamente siento una sensación de impotencia, de no saber transmitir lo que siento con todo mi ser, de no ser capaz de expresar quizás con las palabras o con los hechos lo que siento en lo más profundo de mi corazón.

Yo creo que hay que vivir como si nunca fuéramos a perder o seremos perdedores siempre. Eso no implica que no sepamos aceptar o aprender de la derrota cuando se presente. Creo que no se puede vivir pensando continuamente que no vas a llegar a alcanzar nunca lo que amas, porque seguramente tendremos razón. Creo que si no nos entregamos en el amor o en la amistad con toda nuestra alma porque algún día terminarán y sufriremos, es porque no nos damos cuenta de que es de esa manera como sufrimos más, pues empezamos a hacerlo desde el primer día de la relación. Nos creemos inmunizados al dolor y no nos damos cuenta de que lo que estamos es muertos. Eso sí, hemos logrado dejar de estar heridos.

He terminado la semana de una forma bonita, con un sentimiento de agradecimiento, de amor, de amistad y de plenitud. No me he rendido, he tenido un ligero sentimiento de superación; a pesar de la dureza de algunos aprendizajes, he logrado desear seguir aprendiendo y, sobre todo, estoy dispuesta a seguir descubriéndome porque es la única manera de tener algo que compartir y eso me gusta.

En definitiva, por ser capaz de seguir soñando, de creer en los sueños y de sentirme con fuerza, de intentar lograr que se realicen; por descubrir que dejar huellas o no cuando partamos no es tan importante como ser capaces de sentir que caminamos y avanzamos.

El encuentro de las almas

Inspiraciones de domingo.

Se habían desnudado una y mil veces a través de palabras sin saber realmente cómo era cada uno, dejando caer sus ropas a través del habla. Solo les quedaba besarse físicamente. Tan solo se habían besado con la mirada y desde entonces no paraban de pensar el uno en el otro, pero eran incapaces de transmitírselo. Solo jugaban con el lenguaje y los pensamientos.

Jugaban a que debían desnudar las almas antes que los cuerpos hasta que un día ocurrió y lo que era un juego sin sentido se convirtió en algo peligroso y a la vez fascinante. Movidos por el deseo y el misterio que les atraían, se besaron y acariciaron como la lava de un volcán recorre la ladera de la montaña para terminar en una inevitable explosión, que tan solo había comenzado. Se abrazaron tiernamente, como si hubieran conocido el final de toda experiencia, el culmen del placer, hastiados por el deleite que por fin habían concluido. Él la besaba suave y cariñosamente en el cuello, abrazándola por detrás en su lecho de amor. Ella se sentía protegida, aliviada, tranquila. La paz de la mar en calma.

Sus vidas no eran libres; estaban comprometidos con otros seres y ese lecho de amor que flotaba suavemente en el mar, bajo la luz de la luna y un gran manto de estrellas, se empezó a mecer hasta que, sacudido por un fuerte oleaje, fue balanceado fuertemente. Eran los sentimientos y pensamientos del mar, que escupían un gran velero sobre sus cuerpos desnudos para recordarles que, aunque su historia de amor fuera difícil, irrumpía con fuerza y traería consigo grandes consecuencias. Ellos se abrazaron fuertemente, rozando sus labios, y entendieron que todo debía proseguir como las olas vuelven a la orilla, como algo que estaba escrito con espuma.

Ella despertó y comprendió que todo había sido un sueño, pero había vivido el encuentro más maravilloso con su otra alma, la que le esperaba con ansia para que todo fuera una dulce realidad, luchando contra la loca máquina del tiempo, entendiendo que el encuentro más íntimo es el desnudo emocional, y así habían hecho el amor miles de veces.

Tiempo para mí

A veces resulta bastante fácil dar prioridad a los demás y a nuestras obligaciones del día a día. La mayoría de personas (debido a sus ocupaciones o empleos, sus familias y alguna que otra actividad «extracurricular») llegan a pensar que no tienen tiempo para sí mismas. Incluso existen algunos casos en los que puede llegar a aparecer un sentimiento de culpa en aquellos que dedican algo de tiempo a sí mismos.

Sin embargo, cuando nos dedicamos tiempo a nosotros mismos obtenemos claridad, pensamos de una manera diferente a cuando los estímulos del entorno afectan a nuestra comunicación interna y, por lo general, no discutimos, argumentamos ni negociamos, pues la mayor parte del tiempo comprendemos nuestra propia manera de pensar.

Sentirse bien con uno mismo es algo indispensable para ser feliz y disfrutar de la vida al máximo. Nos ayudará a sentirnos mejor con los que nos rodean y a contagiarles nuestro bienestar. A través de pequeñas acciones podemos conseguir grandes logros, que nos permitirán desarrollarnos de forma positiva.

El equilibrio emocional

¿Te sientes a menudo al borde de un ataque de nervios? ¿Sientes a veces que no puedes con todo, que no eres capaz de afrontar todo lo que tienes por delante? ¿Sientes tristeza, vacío, desesperación? Para sentirse bien a todos los niveles es necesario saber manejar adecuadamente las emociones. Pero ¿cómo manejar esas emociones intensas cuando parecen surgir por sí solas y apoderarse completamente de ti? Mucha paciencia, ja, ja, ja. Y tomar aire.

Muchas veces esas emociones tan intensas y desagradables que sientes se deben a que no estás pensando correctamente, sino que estás usando un pensamiento exagerado, ilógico, o estás basándote en ideas falsas y sacando conclusiones precipitadas, sin pruebas que las avalen. Por lo tanto, proponte sentir emociones opuestas (amor, agradecimiento...) y tendremos resultados distintos.

No pierdas contacto contigo mismo, con tu cuerpo y con tus necesidades emocionales o de otro tipo: descansa cuando necesites descansar, cuídate si tienes una enfermedad, pasa tiempo con tu pareja, con amigos o con tu familia, pasa tiempo contigo mismo, practica actividades que te resulten agradables, busca tiempo para realizar aquello que deseas hacer, plantéate metas y sueños que alcanzar para mantener la ilusión viva y, sobre todo, sigue creciendo.

En la medida en que nos demos más tiempo para nosotros mismos conseguiremos mayor equilibrio con todo lo demás y esto podemos llevarlo hasta cualquiera de los planteamientos que nos hacemos.

En definitiva, dedica tiempo para ti mismo. Tú eres el ser más importante, el primero al que tienes que darle prioridad. Y ahora me gustaría que todos os mirarais al espejo y os digáis: «Este momento es para mí».

Ni esperar a que suceda
ni hacer que suceda,
sino permitir que suceda

«Cosas buenas llegan a aquellos que saben esperar», reza el dicho. Y así muchos se sientan impacientemente a esperar a que, por obra de un milagro, su situación profesional o personal cambie de un momento a otro, simplemente porque en algún lugar leyeron o escucharon que si eran pacientes y «pedían» obtener algo, automáticamente recibirían eso que habían pedido. Y así dejan el tiempo pasar, esperando día tras día que la «fe» que profesan les regale lo que están esperando, olvidando que la espiritualidad tiene dientes y que la fe se vive más en acción que en contemplación.

Por otro lado, otros suelen decir que solo ellos son responsables de su propio destino, poniendo sobre sus espaldas el enorme peso de la imposible tarea de cambiar y moldear a su manera todo lo que sucede a su alrededor si es así justificado por la meta a la que quieren llegar. Crean con frecuencia, pero siempre de manera temporal, la ilusión de que así lo están haciendo. Mueven y moldean las cosas en la forma que ellos quieren que sean hasta que se enfrentan, a veces de manera sutil y otras aparatosamente, a la realidad: por más «poder» que supongan tener sobre los objetos y personas que los rodean, sobre lo único que tienen realmente poder es sobre sus reacciones y acciones personales. Y nada más. Entonces, creyéndose todos poderosos, luchan contra lo imposible desgastando sus recursos, salud, energía y fe en una inútil pelea sin ganador.

Por fortuna, también hay quienes han entendido que no se trata de «hacer que las cosas sucedan» ni de «esperar a que sucedan», sino de «permitir que sucedan». Es decir, han comprendido que no importa cuánto recen y pidan «con fe» que eso que quieren lograr suceda. La única manera de que eso se haga realidad es tomando acción y con fe, claridad, visión, resiliencia y flexibilidad trabajar para que así sea.

Sin embargo, al mismo tiempo comprenden que todos en la vida tenemos contratiempos y retos que pueden desviar con facilidad nuestra atención y esfuerzo y poner a prueba nuestra visión y fe en nuestra capacidad de alcanzar la meta que nos hemos trazado. Entienden así que son esos los momentos en que uno debe actuar con flexibilidad y resiliencia, sin desgastarse en una lucha que no será ganada, para mejor dar espacio y tiempo a entender lo que está sucediendo, resolver lo que se tenga que resolver y entonces poder regresar al camino que, una vez más, habremos de recorrer para llegar ahí, a donde siempre hemos querido llegar.

Positividad

Hoy, jueves, me he levantado de forma extremadamente positiva, ja, ja, ja. Así que no solo quiero vivirlo yo, sino que quiero transmitíroslo a vosotros para que os contagiéis de ese dote de energía con el cual amanecí. De modo que os voy a dar algunos consejillos, que espero que os lleguen y los llevéis a la práctica.

Si quieres vivir algo diferente, tanto en tu vida laboral como en tu vida personal, lo único que necesitas es desear tener este cambio. No vas a cambiar nada si sigues con la misma conducta. Si realmente quieres un resultado diferente, tienes que hacer algo diferente. Parece lógico, pero ¿lo estás aplicando?

Si quieres cambiar algo en tu vida, escribe en un papel tu deseo con una afirmación positiva. Luego pregúntate por qué quieres hacer este cambio y para qué lo quieres hacer. Escribe la lista de todas las ventajas y todos los beneficios que te aportará este cambio. Piensa qué deberías cambiar en tu conducta para conseguir alcanzar este deseo y escríbelo.

Te voy a dar cuatro técnicas para que puedas reprogramar tu mente de manera consciente para crear nuevos hábitos:

1. La repetición (programa tu mente). Repetir una afirmación provoca una actividad neuronal, te estás reprogramando a ti mismo. Es como programar un código en tu cerebro. Cambia los patrones de pensamiento que dañan tu cerebro.

2. Recordatorio. El cerebro hará que te olvides de lo que quieres cambiar. Viene a ser lo que se llama una resistencia al cambio. En la mente es como si tuvieras a alguien dentro de ti que controla tu programación y es por eso que es tan difícil cambiar hábitos. El recordatorio te avisa de que tienes que cambiar un hábito.

3. Visualizar. Esto se puede hacer cada día entre cinco y diez minutos. Vas a visualizar el objetivo que tienes y a imaginarte viviéndolo. Por ejemplo, imaginar cómo sería tu vida una vez alcanzado tu objetivo de ser un buen líder. Coloca una imagen de tu visualización.

4. Técnica sofisticada de recordatorio o de asociación. Son como dos redes de programación. Por ejemplo, si estás haciendo dos actividades a la vez, asocia una a la otra: bebe agua, respira profundo y haz una declaración positiva cada vez que bebas agua (por ejemplo: «Soy una persona positiva») y conecta estas dos actividades.

A través de nuestro cerebro podemos reprogramarnos, rediseñarnos, podemos controlar nuestros hábitos porque somos seres humanos y hacemos lo que nos da la gana.

Así que a crear. ¡Tú construyes lo que quieras!

Motivación

¡Hoy es el día!

Hoy es el día en que voy a atreverme a caminar hacia el futuro que deseo, hacia lo que he soñado siempre, para transformar ese sueño en una realidad. Voy a ser valiente porque el miedo no es un obstáculo, voy a sacar el coraje que siempre he tenido para enfrentarme cara a cara con mi miedo a fracasar y mi miedo a las opiniones de los demás, que a veces son miedos de otros, mas no míos. Y sobre todo hoy me enfrentaré al miedo al cambio, que es donde pueden estar las mejores oportunidades.

Hoy voy a convertirme en alguien que no mira hacia el pasado, sino que vive el presente y mira con ilusión al futuro; alguien que aprende las lecciones que le ha dado la vida y que no se da por vencida.

Hoy viviré el presente. La preocupación no me acompañará porque de hoy en adelante voy a pensar en todas las cosas buenas que tengo en mi vida, en todas las personas que realmente me quieren y voy a vivir el aquí y el ahora.

Hoy aprenderé a valorarme y a ver todas las cosas buenas que hay en mí, a hacer las cosas que realmente me gustan y hago bien, porque sé que tengo virtudes que me hacen única.

Hoy voy a ser yo, no me voy a esconder. Voy a mostrarme como soy, diré lo que tengo que decir, aprenderé a decir «no» cuando sea necesario, aprenderé a comunicarme, no permitiré que los pensamientos negativos me invadan. Voy a ser valiente y atrevida, voy a soñar y a luchar por lo que sueño. Hoy voy a conseguir todo lo que me proponga.

El otoño

Llega el otoño, ¡mi estación del año preferida!

Siempre llega el otoño…

La primavera nos ilusiona, nos anima, nos promete y nos seduce. Luz, color, calor, lluvias y vientos fértiles que fecundan la ilusión y a las plantas. Y los animales se encelan y las promesas se anuncian.

El verano nos regala frutos, nos adormece en facilidades y relajos, se pierde el rigor, se rompen horarios, se distraen hábitos, se viaja, se cosecha…, pero también a veces el verano nos defrauda en tormentas que arruinan promesas ya maduras.

Termina el verano. Se vuelve a la realidad tras el ensueño. Despedidas, los rebaños bajan al valle, los turistas deshacen las maletas, los colegios se abren, las piscinas se cierran, las playas se olvidan, las fotos se guardan.

Llega el otoño. Siempre llega el otoño con sus calmas, con sus nieblas, con sus frescos y sus colores cálidos, la lana, el paraguas, el rincón de tu cuarto donde vuelves a acurrucarte cada velada temprana de frío y estudio. Siempre llega el otoño y se mete como las brumas, sin hacer ruido, sin quitar nada…, pero velando todo.

Las canciones ruidosas del verano se olvidan.

Las terrazas ociosas se recogen.

Las toallas de la playa se guardan.

Las culturas de la fiesta se adormecen.

Las civilizaciones más voluptuosas se desequilibran.

Los pensadores se hacen seniles y cabecean frente al escritorio.

Destellos de amor que no llegaron a tanto se desvanecen entre recuerdos no tan gratos... Solo eran nubes pasajeras, atardeceres fugaces.

El otoño es un rey maduro que regala sensatez. Lo malo es que le acosa el invierno, emperador tirano cargado de exigencias y venganzas. Frío, hielo, muerte, oscuridad, caos... La nada.

El otoño es el tiempo del libro.

El otoño es el tiempo del romántico... ¡Mi tiempo!

No te rindas

Hay veces que en la vida suceden cosas que parece que no están preparadas, pruebas que te parecen imposibles, retos inalcanzables… Pero de ahí tiene que salir tu fuerza interior aunque creas que no la tienes, que has perdido, que estás frustrada, acabada, como que no encajas, como si fueras una niña pequeña que estuviera perdida en un bosque. Pero como magia aparecen nuevas oportunidades que no te esperas, que no contabas con ellas. Miras en tu baúl y ves que tienes otras alternativas, otros caminos, otros recursos que puedes utilizar y se ilumina el camino de nuevo. Síguelos, no escuches nada, déjate iluminar por esa nueva luz que te ofrecen aunque ello conlleve un cambio difícil que te haga abandonar tu zona de confort (que al fin y al cabo es eso, una comodidad ficticia motivada por tus miedos, por tus inseguridades). Hay nuevos caminos, nuevas caras, nuevos retos, otros mundos, otras ideas… Simplemente, aprovecha las oportunidades que te brinda la vida y agárrate a ellas. No las dejes escapar.

Recuerda, solo se vive una vez, así que salta y lánzate al vacío. Hay cosas más allá del horizonte que ves cada día. Solo explóralo y no tengas miedo.

Te «exquiero»

Todos tenemos un ex. O dos. O varios. Son personas que han formado parte de nuestras vidas y que, en más o menos tiempo y con más o menos sentimientos, marcaron un antes y un después en nuestra historia.

«Ex», una palabra indecorosa, antiestética, que casi siempre viene acompañada de dolor de estómago, de recuerdos repletos de nostalgia, confusión, rencor y a veces de odio. ¿Por qué? ¿Por qué en la mayoría de los casos después de haber roto una relación sentimental ya no volvemos a tener contacto ni una relación cordial o de amistad con una persona con la que hemos compartido tanto? ¿No es triste? Es tristísimo.

Personas con las que hemos compartido nuestro cuerpo, nuestros besos, nuestra piel, nuestros secretos más íntimos. Personas a las que juramos amor eterno, personas con las que recorrimos el mundo de la mano, personas que hicieron de sus chistes nuestra sutileza, personas con las que nos pasábamos horas y horas hablando hasta que los gritos se hicieron protagonistas de una película que empezó siendo de amor y terminó siendo un *thriller* de Hitchcock. Personas con las que diseñamos planes y construimos puentes que creíamos indestructibles. Preciosas historias que se esfumaron en un recuerdo amargo. Los mejores años de nuestra vida, nuestro amor hecho hijos y cientos de «te quiero» que volaron al viento sin dueño. Sin rumbo. Sin prisa.

Y hoy olvidé todo eso que me enamoró de ti. Aunque, bueno, realmente creo que nunca lo estuve. Y hoy no eres nadie para mí. Ni un amigo ni una amiga. Y hoy cuando me hablan de ti me sumo a la indiferencia o, si aún no lo he superado, te critico hasta quedarme sin más argumento que insultos vacíos de lógica.

Hoy ya no guardo tus fotos. O sí. Eso nunca lo sabrás. Y hoy ni siquiera me permito el lujo de pensar en ti. ¿No es mohíno? Lo es. Y mucho.

Para ser un buen ex debiste ser primero una buena pareja. Y quiero pensar que muchos de nosotros no lo fuimos porque, si no, ¿qué sentido tiene odiar a nuestros ex? ¿Qué sentido tiene no darles un espacio en nuestras vidas? ¿Pudimos amar tanto a alguien que hoy ni siquiera nos importa? Quizás los prejuicios, esta estúpida sociedad que nos ha enseñado a amar de una forma tan tóxica, hacen que no esté bien visto tener relación con personas que formaron parte de nuestro pasado, cuando deberían ser ellos y ellas nuestros mejores amigos. Esas personas con las que compartimos más que con cualquier otra persona en el mundo. Esa persona a la que regalamos nuestra desnudez, el olor a recién levantado y el último beso de cada luna. Esa persona con la que dibujábamos vacaciones, partituras hechas canción sin melodía y personas que creímos nuestra alma gemela. Posiblemente lo fuera. Aunque no durara para siempre.

¿Por qué, aunque hoy ya no seamos pareja ni nos una ese vínculo sentimental, no podemos mantener una relación sana, desearnos lo mejor y darnos un abrazo sincero cada vez que nos veamos? Por suerte, aún hay exparejas que lo hacen. Hay exparejas que supieron afrontar con madurez su ruptura y hoy son mejores amigos, padres compañeros de criaturas maravillosas o conocidos que se saludan cordialmente y se desean lo mejor. No recelan de sus actuales parejas porque eso está más que superado.

Supongo que el problema está cuando no se supera. Porque ¿acaso el odio no es una forma de amor? ¿Acaso llamar la atención del otro, aun siendo de malas formas, no es una manera tener relación con personas que formaron parte de nuestro pasado, cuando deberían ser ellos y ellas nuestros mejores amigos? Esas personas con las que compartimos más que con cualquier otra persona en el mundo.

Te «exquiero». Me gusta pensar que aunque tengamos el mismo nombre y apellidos durante toda nuestra vida, aunque el número de nuestro DNI y de la Seguridad Social no cambie, realmente podemos llegar a ser varias personas distintas en una misma vida. En mi caso, yo a los quince años no era igual que a los veinte. Ni a los veinticinco era igual a la mujer que soy hoy en día. Estoy hecha de experiencias, de caídas, de estúpidos errores que cometí en el pasado, de melodías rotas y melodías eternas que siempre bailarán al son del sol de octubre. Estoy hecha de ti, de ti y de ti también. Hecha de besos inexpertos y hecha de besos maduros. Estoy hecha de lágrimas, de corazones rotos y de promesas que nunca se escribieron. Estoy hecha de amor, de decepción y de todas esas personas que pasaron por mi vida. Estoy hecha de «ex te quieros» y de todos esos ex que me enseñaron (unos mejor que otros) a ser quien soy hoy en día. ¡Gracias!

Porque por muy mal que nos fuera, por muy mal que ese ex o esa ex nos lo hiciese pasar, debemos sentirnos agradecidos. Agradecidos por lo que nos dieron, por lo que nos quitaron, por todo lo que crecimos y aprendimos a su lado, por la forma en la que nos amaron (aunque nos amasen mal o simplemente no lo hicieran), por esos días de sus vidas que eligieron pasar con nosotros. Aunque hoy seamos un ex odioso para ellos, en el fondo de nuestro corazón, si alguna vez hubo amor de verdad, hubo amor al fin y al cabo. Ese recuerdo perdurará el resto de nuestras vidas.

Hoy te miro con los ojos estallados en lágrimas y suplicándole al cielo que no te conviertas tú en unos de mis ex. Porque quiero quererte siempre, amarte siempre, contar arrugas a tu lado y decirte al oído en un último suspiro: «Gracias».

Te «exquiero». Y te «exquerré» siempre.

La resiliencia

La resiliencia, el arte de resistir y reinventarnos de nuevo.

Solemos asociar los eventos difíciles a algo negativo y tendemos a sentir compasión o lástima por las personas que los están atravesando, pero me gustaría poder ofrecer la otra cara de la moneda. Podemos aprender de ellos y crecer en varios aspectos de nuestra vida gracias a las malas rachas o a momentos que nos han causado un gran impacto psicológico. No por ello debemos restar importancia ni gravedad al suceso, sino que hay que valorar el hecho de que tiene tanto aspectos negativos como positivos y centrarnos en estos últimos.

¿Qué es la resiliencia?

La resiliencia es la capacidad para hacer frente a las adversidades de la vida, saliendo fortalecidos de ellas. Es el resultado de un proceso dinámico que varía según las circunstancias, la naturaleza de la situación, el contexto y la etapa de la vida en la que nos encontremos.

Las características fundamentales de las personas resilientes, resumidas, son las siguientes:

Tienen seguridad en sí mismas y en su capacidad de afrontamiento.

Disponen de apoyo social.

Tienen un propósito significativo en la vida.

Creen que pueden influir en lo que sucede a su alrededor.

Saben que se puede aprender de las experiencias positivas, así como de las negativas.

Conciben y afrontan la vida de un modo más optimista, entusiasta y energético.

Son personas curiosas y abiertas a nuevas experiencias.

Poseen altos niveles de emocionalidad positiva.

Cambios en uno mismo: Aumenta la confianza en las propias capacidades para afrontar las adversidades que nos presente el futuro. Es común en personas que se han visto sometidas a normas muy estrictas en el pasado y a partir de su lucha han conseguido redirigir su vida.

Cambios en las relaciones personales: La vivencia traumática puede fortalecer la unión de las relaciones con las personas que han estado en esos momentos tan duros.

Cambios en la filosofía de vida: Las experiencias duras tienden a sacudir las ideas sobre las que se construye nuestra visión del mundo.

Así que busca la versión más positiva de ti mismo y busca oportunidades para descubrirte, porque la resiliencia es resistir e inventarse de nuevo.

La proyección

¿En quién y qué proyecto?

Todo lo que te molesta en otros seres realmente es una proyección que no has resuelto en ti mismo.

La proyección es un mecanismo de defensa que es activado por el inconsciente para protegernos de todo aquello que nos resulta doloroso y nos causa ansiedad. Al proyectar nos alejamos de los sentimientos que no podríamos manejar porque causarían mucha ansiedad y son difíciles de controlar.

Las personas que se pasan la vida criticando a los demás constantemente y que en todo encuentran una queja sin motivo seguramente sienten un gran desprecio por ellas mismas. Proyectan en los demás esos aspectos indeseables de su personalidad, que no perciben como propios porque se encuentran fuera de su conciencia, «en la sombra».

Es un proceso de atribuir a los demás lo que a ti te pertenece y niegas de tu personalidad. Puedes proyectar en los demás un sentimiento, una carencia, una necesidad, un rasgo de tu personalidad o un conflicto no resuelto.

Otra forma de proyectar lo que se encuentra en la sombra es cuando rechazamos a otro ser humano, sea de la familia o no, porque esa persona tiene algo que nos irrita de nosotros mismos, o bien tiene y es lo que no tenemos y quisiéramos ser. Por ejemplo: «Fulanita me cae mal porque se cree bonita o inteligente» o «hay que ver lo que ha hecho», cuando quizás tú también estés deseando hacerlo, pero no lo haces porque no te atreves.

Todos usamos este mecanismo de defensa de manera inconsciente. Si lo hacemos de forma consciente, nos permitirá autoconocernos y crecer como seres humanos. Recuerda que el mundo exterior nos sirve como espejo que nos permite ver las partes negadas de nuestra personalidad, así como nuestros rasgos y actitudes que son funcionales y disfuncionales, que de otra manera nos sería muy difícil identificar.

Si alguien te cae mal y no lo soportas e inconscientemente le rechazas y culpabilizas, ¿qué te quiere decir tu sombra? ¿Qué te pertenece a ti que lo proyectas al exterior y con esa persona o situación te ves reflejado?

Para terminar con una visión positiva y optimista (¡y para hacernos justicia!), también es cierto que lo que vemos de bueno y de agradable en el exterior (es decir, en las situaciones que nos toca vivir y en nuestras relaciones con los demás), lo bueno y lo agradable que vemos cada día, también es un fiel reflejo de nuestro mundo interior. En la medida en que vayamos conociéndonos, aceptándonos y queriéndonos más y más profundamente, así también irá mejorando nuestra interpretación de la realidad.

Así que ¡ámate y también verás amor en los demás!

Las personas especiales

Son personas sinceras consigo mismas, que no intentan aparentar ni fingir, que no buscan ajustarse a un canon, rompiendo incluso con cualquier prototipo si este no encaja con lo que verdaderamente son. Son personas que no tienen miedo a mirar hacia dentro, a descubrir esos demonios que les atormentan, a escucharlos para poder llegar más a sí mismas, pues saben que aunque esa parte no les guste tanto o les resulte incómoda deben afrontarla y aceptarla para poder vivir en paz.

Las personas especiales son aquellas que transmiten ese «no sé qué» que cuando estás a su lado parece que un aura de paz te rodea porque te sientes más tranquilo, más seguro, como si nada pudiera pasarte. Son personas que parecen haber encontrado respuestas, lo que quiere decir que se han atrevido a hacerse preguntas, seguramente difíciles de responder.

Son personas que hacen cosas bonitas con sus manos, porque cuando te abrazan te sientes como arropado con la manta en una noche lluviosa. Son personas que te desnudan con la mirada porque saben mirar más allá de un «estoy bien». Se preocupan realmente por las personas que tienen en su vida y eso se nota… ¡y mucho! Porque, sin saber por qué, cuando tienes un problema piensas primero en ellas.

Por eso las personas especiales, la gente bonita, son aquellas cuya sola presencia emociona porque cuando te miran a los ojos llegan hasta tu corazón; porque te respetan, no te juzgan y porque siempre dan la cara, incluso para decir: «Tienes razón, me he equivocado» o «lo siento».

Son personas que han sufrido, y mucho; que han luchado para hacer su vida a su medida y no a la medida de ningún otro patrón. Son personas auténticas, transparentes y sencillas, que tratan a cualquier persona de tú a tú porque saben que todos somos especiales y que todos tenemos algo que ofrecer al mundo y algo que aprender de él.

Son personas que te escuchan sin prestar atención a nada más que a ti. Se olvidan del mundo y en ese preciso instante solo existes tú para ellas porque saben disfrutar del momento, del contacto humano, de un abrazo, de una carcajada…

Son aquellas personas que hacen bonito tu mundo no porque nunca tengáis discusiones o conflictos, sino porque sabes que están a tu lado desde el corazón.

Seguro que tienes en tu vida personas especiales. Seguro que tú eres especial para alguien. No dejes escapar a las personas que hacen bonito tu mundo.

La vida comienza donde termina tu zona de confort

La zona de confort es una expresión que últimamente se ha puesto de moda y es motivo de conversación en muchos círculos.

Una definición que me gustó mucho de zona de confort fue: «Aparente estado de comodidad que te lleva a la muerte en vida. Justificación perfecta para no hacer, no crecer, no arriesgarse y no vivir». Una definición muy dura, pero hablando con la gente diría que demasiadas personas están en esta situación: viven en una jaula y, como el hámster, van dando vueltas a la rueda y cada día van repitiendo lo mismo.

La zona de confort es el conjunto de todos aquellos lugares físicos o psicológicos en los que nuestra mente se siente segura, cómoda y protegida y anula todo tipo de acción que no sea lo que conocemos y, por lo tanto, nos limita. Es algo que nos detiene de actuar y nos hace sentir cosas como pereza, letargo y dejadez. Sencillamente, cuando procrastinamos o postergamos nuestras tareas lo que ocurre es que estamos queriendo mantenernos dentro de la zona de confort.

Para cada persona la zona de confort es diferente; cada uno de nosotros concibe lo que es normal, cómodo y placentero de forma única, por lo que no todos cuentan con una zona de confort del mismo «tamaño». Vivir en la zona de confort puede resultar confortable, pero las oportunidades se encuentran fuera de ella. ¿Quieres avanzar? Sal y no tengas miedo a descubrir lo que la vida puede ofrecerte.

Hay un cuento de Jorge Bucay que puede ser muy adecuado. Nos habla de unas cadenas imaginarias que nos atan y no son reales, pero si creemos que son reales es como si lo fueran.

Elefante encadenado (*Jorge Bucay*)

«Lo que más le gustaba del circo eran los animales y entre todos ellos había uno especial, el elefante. Durante su función hacía despliegue de su tamaño y fuerza, pero una vez terminada, el elefante quedaba sujeto tan solo por una cadena que aprisionaba una de sus patas a una pequeña estaca clavada en el suelo. El misterio era evidente: ¿cómo un animal tan grande se quedaba sujeto, sin moverse, atado tan solo a un trozo de madera? Lo que estaba claro era que el animal no quería huir; podía con toda seguridad ser capaz de arrancar un árbol de cuajo y con más facilidad arrancar la estaca y huir.

Un día alguien preguntó por el misterio del elefante y le dijeron que el elefante estaba amaestrado. Pero si está amaestrado ¿por qué lo encadenan? Nadie le contestó ni le dieron una respuesta coherente. Al cabo de unos años alguien le contestó esa pregunta: el elefante no escapa porque ha estado atado a una estaca desde que era muy pequeño.

Cerró sus ojos y se imaginó al pequeño elefante intentando soltarse. A pesar de su esfuerzo, no pudo. Se habría acostado agotado para volver a intentarlo al día siguiente, al otro y también el que seguía… hasta que un día el animal aceptó su impotencia y se resignó a su destino. Ese elefante enorme que vivía en el circo no escapaba porque creía que no podía. Él tiene su registro y recuerda la impotencia que sintió después de nacer. Y lo peor es que jamás volvió a cuestionar seriamente ese registro y no volvió a intentar poner a prueba su fuerza otra vez.

Todos somos un poco como ese elefante de circo. Vamos por el mundo atados a cientos de estacas que nos restan libertad. Vivimos creyendo que no podemos hacer un montón de cosas, simplemente porque alguna vez probamos y no pudimos. Hicimos lo mismo que el elefante, grabarnos en nuestro recuerdo: "No puedo. No puedo y nunca podré". Como mucho, de vez en cuando sentimos los grilletes, hacemos sonar las cadenas o miramos de reojo la estaca y confirmamos el estigma: "¡No puedo y nunca podré!"».

La única manera de saber es intentarlo una y otra vez y poniendo en cada intento el corazón.

Seguro que si piensas un poco puedes encontrar muchas de esas estacas imaginarias en las cuales estás atado y de las que piensas que nunca podrás soltarte. Recuerda que si un día no pudiste no quiere decir que siempre no vayas a poder.

No es fácil salir de la zona de confort, pero una vez que salgamos nos daremos cuenta de que existe vida más allá y en muchas ocasiones mejor. Una vez fuera, nos lamentaremos de no haber salido antes.

Navegando

Hay veces que conviertes tu lucha en un hábito y eso hace que parar resulte complicado. Tienes la sensación de que si te concedes unos minutos de calma para sentarte, parar y mirar a tu alrededor no podrás volver a levantarte.

Sin embargo, como experta marinera sabes que si la tormenta no amaina durante la navegación puedes utilizar el viento y el mar a tu favor para correr el temporal y refugiarte durante un tiempo en aguas más tranquilas.

El viaje del barco es largo y las vistas que ofrece durante el trayecto son variadas y fugaces. Cada vez que miras a tu alrededor el paisaje cambia y es difícil volver a encontrar aquella escena que tus ojos vieron momentos atrás. Solo del marinero depende echar el ancla de vez en cuando para observar y dejarse llevar.

Si has llegado hasta aquí lo tienes claro: vale la pena pelear por ello. El miedo y el sufrimiento serán pasajeros, pero la satisfacción de haberlo conseguido será permanente. Recuerda que la muerte no sucede por el sufrimiento de la lucha, sino por intentar evitarla.

No te rindas, sufre, lucha, llora, sigue adelante, maldice, arriesga, grita, inténtalo, cae, levántate, vuelve a caer, vuelve a intentarlo de nuevo, imagina cómo sería, sueña con ello, despierta, consíguelo, hazlo realidad. Piensa que para lograr lo que buscas quizás necesites fortuna, pero para amansar los miedos solo necesitas utilizar tu libertad.

¡Así que sigue navegando!

La ansiedad

La ansiedad proviene de lo que te dices a ti mismo.

Siempre que te pongas nervioso por algo puedes observar que la causa de tu ansiedad suele estar en tus pensamientos, en lo que te dices a ti mismo: «Debo hacer esto o no debo hacer lo otro», «no debo sentir ansiedad» o «no debo sentir esas sensaciones; es terrible sentirlas».

Tu ansiedad proviene de lo que te dices a ti mismo. No te viene porque tu cuerpo o tu mente estén en peligro. Tú eres el que te pones nervioso a ti mismo al pensar equivocadamente que tus sensaciones son peligrosas o al exigir que no existan. Son tus pensamientos catastrofistas y tus exigencias los que te ponen nervioso. Siempre eres tú y tu autodiálogo. Por lo tanto, tú lo controlas y tú puedes cambiarlo.

Vas a pensar: «Yo soy quien me hago ponerme nervioso, pero no tengo por qué continuar poniéndome así. Si abandono todos mis pensamientos catastrofistas y mis exigencias, obligaciones e imposiciones, si realmente acepto la ansiedad como es o como viene estaré más tranquilo. Puedo conseguir estar siempre tranquilo o menos tenso si abandono mis exigencias, relajándome».

Vas a repetirte: «Puedo pedir cosas, puedo desearlas, pero no las necesito. No las necesitaré nunca. No hay nada que deba temer y no hay nada que deba evitar, ni siquiera mi ansiedad. Me gustaría librarme de ella, puedo librarme de ella, voy a librarme de ella. Pero si me digo a mí mismo que no debo estar nervioso, entonces me pondré más nervioso».

«No hay nada que no pueda soportar. La ansiedad no va a matarme. Hay muchas cosas desagradables en el mundo que no me gustan, pero puedo soportarlas. No tengo que librarme de ellas. Si estoy nervioso, pues estoy nervioso, ¿qué le vamos a hacer? Porque yo puedo controlar mis emociones siempre que no me exija a mí mismo que tengo que controlarlas a toda costa. Eso es lo que me altera, la idea de que debo ser tal cosa o tener éxito necesariamente en tal otra o la de que tengo que librarme de mi ansiedad».

Siempre que te pongas nervioso vas a observar qué es lo que estás diciéndote a ti mismo para ponerte así. Abandonarás tus pensamientos catastrofistas y abandonarás también tus exigencias e imposiciones. Cambiarás tu idea de que las sensaciones que temes son peligrosas o de que debes evitarlas a toda costa.

Puedo ser una persona feliz, a pesar de los fracasos y las dificultades, siempre que no exija, no insista y no diga: «Debo, debo...». Las imposiciones y las exigencias son algo absurdo. Nunca tendrás un control total sobre ti mismo porque nadie está totalmente tranquilo, pero estarás mucho menos nervioso y podrás vivir con esa ansiedad. Y si vives con ella, aceptándola, al final desaparecerá.

Recuerda que el objetivo del tratamiento psicológico de la ansiedad es aprender a controlarla para mantenerla en unos niveles deseables, pero teniendo claro que no se pretende eliminar por completo, pues, además de ser imposible, tampoco es conveniente, ya que experimentar cierto grado de ansiedad es útil y necesario.

Esto es lo que vas a pensar y meditar hasta que te lo creas realmente.

Desamor

Hay una canción de Hilario Camacho que dice así: «Tristeza de amor, un juego cruel. Jugando a ganar has vuelto a perder…».

En el amor hay veces que se gana y podemos tener una vida maravillosa junto a esa persona que hemos escogido como compañera, pero hay veces que se pierde y tenemos que seguir jugando hasta encontrar la persona adecuada; así que muchas personas viven un amor fracasado con tal persistencia que una vida entera no les basta para superarlo. Enviudan sin que se les haya muerto nadie y, con las heridas abiertas, recuerdan día a día los detalles de su pasión truncada como si los sucesos hubiesen ocurrido ayer. Clavadas en un duelo no resuelto, mantienen un luto eterno que les impide respirar aire fresco y despejar la nostalgia. Convertidas en estatuas de sal, miran solo hacia atrás mientras dejan pasar nuevas oportunidades de formar pareja. Aferradas a una relación amorosa que hace rato ya murió, son incapaces de dar vuelta la hoja para vivir el presente y el futuro. A pesar de sí mismas, se quedan pegadas emocionalmente al pasado.

Cuando se está enfermo de otro, obsesionado y desesperado perpetuamente por una relación imposible, es fácil que los sentimientos puedan confundirse. Así, podemos creer que es amor lo que quizás sea más bien tristeza infinita o rabia por el abandono, culpa por sobrevivirlo, miedo al vacío o una manera de vengarse por la traición y el agravio recibidos.

Quizás simplemente sea nuestro ego obstinado, que se niega a admitir una derrota. Voluntariosos, nos cuesta tolerar que las cosas no salgan según lo planeado o quedamos atragantados con tantas palabras y sentimientos que nunca lograron ser expresados. Orgullosos, nos es difícil soportar que el otro viva feliz sin nosotros, menos aún aceptar que tal vez desaparecimos de su vida sin dejar rastro.

También puede ser un exceso de lealtad a una historia vivida con intensidad, simple rebeldía frente a una pérdida lamentable o una forma particular de hacerle un homenaje a quien se quedó con nuestras ilusiones. O quizás sean profundas añoranzas de los buenos momentos, expectativas falsas a las cuales seguimos apegados, un insondable hastío por todos los sueños que se nos han desmoronado o un temor incontrolable a la incertidumbre. Tal vez sean heridas de la infancia o los gritos acallados del pasado, que solo encuentran salida a través de una memoria obcecada.

Los duelos toman tiempo y es bueno que tú te tomes el tuyo. Pero si te has convertido en viudo del amor necesitas con urgencia entender que es tu devoción la que ha mantenido vivo ese amor ausente. El secreto para salir del laberinto de la añoranza consiste en saber darse por vencido. Si dejas de insistir y te retiras, inevitablemente se extinguirá la pasión que desde hace mucho solo habita en tu fantasía. Acepta de una vez que perdiste esa batalla. Aúna voluntad para dejar ir la tristeza que te ha acompañado con tanta fidelidad durante tu larga travesía por la soledad. Renuncia indeclinablemente a la nostalgia y regresa del sueño en que has estado sumergido.

Congelado, no has permitido que otros fuegos entibien tu alma. Ensimismado, has girado una y otra vez alrededor de tus propias tristezas. Paralizado, no has dejado que te ayuden, paseándote por el mundo con el rostro incólume y la excusa perfecta para no comprometerte. Has dedicado demasiadas energías a esconder tu corazón destruido, transformándolo en un escudo impenetrable.

No desperdicies más tu enorme capacidad de amar y ábreles las puertas a nuevas presencias. Ten cuidado, porque el dolor distrae y fácilmente se vuelve costumbre. Para todo hay un límite en la vida, también para el llanto y la espera. Seca las lágrimas que aún quedan en tus ojos; encontrarás la calma. Deja ya de vivir agonizando, sepulta las ilusiones sin destino y cubre tu obstinación con tierra fresca. Despídete de ese amor agotado y marchito, vuelve a mirar hacia adelante, entierra por fin a tus muertos y déjalos descansar en paz.

Y recuerda: nada ni nadie es imprescindible en nuestras vidas. El amor en primer lugar nos lo tenemos que tener a nosotros mismos. Mientras más poseamos, más podemos dar y así también recibiremos.

Música es

¿Cuántas veces una canción nos hace transportarnos a otros momentos, sintiendo nostalgia de esos recuerdos? La música es un instrumento capaz de hacer que nos evadamos de situaciones que nos estresan, que nos paralizan y nos evocan momentos o personas que pasaron por nuestra vida dejando una gran huella en nosotros.

En algún instante, escuchando una determinada canción, me he transportado a mi adolescencia, a un momento íntimo, triste o alegre; a la habitación de mis amigas Sabina, Eva…; a mis primeras salidas o a situaciones que hemos vivido con diversión o con las inquietudes de ser adolescentes. Me ha recordado mi primer amor o los momentos que he pasado con mi hermano Michel o con otras tantas personas que han pasado por mi vida.

La música ha conseguido relajarme en momentos en los que necesitaba paz o simplemente cuando tenía ganas de llorar. Una simple melodía puede aflorar todos tus sentidos y hacer que surja una mezcla de emociones que son inexplicables. Es algo tan mágico que te envuelve y puedes llegar a percibir hasta olores que sentiste en esos momentos, llegando incluso a erizarte la piel y a sonreír sintiéndolos y viviéndolos de nuevo.

Así que os manifiesto que no puedo vivir sin la música y felicito a todas aquellas personas que tienen la sensibilidad de poder vivirla con esa particularidad, como la vivo yo.

¡Viva la música! No dejes de deleitarte con su fantástica melodía, porque la música…

¡Música es!

La vida

A la vida hay que exigirle mucho. A la vida hay que exigirle bien. No te preocupes, que ella ya se ocupará de exigirte a ti cuando menos te lo esperes y por la razón más insospechada. Un día sales de casa y bum. Un día vuelves de un chequeo rutinario y zas. Un día coges el coche y pam. Es siempre más tarde de lo que te crees. Cualquier día te cambian las reglas de este juego al que llamamos vida y lo hacen sin que nadie te pida permiso y sin avisar. Así que plantéatelo ahora o atente a las consecuencias, porque puede que jamás exista un espérate, porque puede que para ti no haya previsto un después.

Por eso yo exijo. Exijo sentir cosas todos los días. Buenas, malas y regulares. Todas y cada una de ellas. Me da igual. Miedo, asco, rabia, ira, sorpresa, alegría y tristeza. Porque un día sin emociones es un día perdido. Y porque ahí donde la emoción manda es siempre donde ocurren las cosas, es donde yo exijo estar.

Yo exijo. Exijo no pasar ni un solo día sin estar enamorada. No hablo de estar acomodada. Ni de dejarme simplemente llevar por la inercia. No. Exijo mariposas todos los días. Y exijo también a alguien a mi lado que las quiera mantener más allá de lo razonable, más allá de lo racional. Alguien que esté dispuesto a dejarse la vida en el intento. Y que quiera casarse cada día conmigo. Y que lo demuestre en cada tempestad. Exijo que se lo curre tanto o más que yo. Y si no, no me vale la pena ni el simple hecho ya no de estar en pareja, sino de respirar. Ah, y una cosa más. Exijo que la prudencia se tome vacaciones eternas conmigo. Porque jamás me ha garantizado nada el hecho de ir poco a poco. Ni me ha hecho más feliz. Exijo que deponga sus armas hasta que me asegure de que mientras yo sea prudente nada de lo que me gusta se va a terminar.

Revelarte ante ti mismo

Las personas tóxicas no te hacen tóxico, sino que ofrecen el sagrado servicio de revelar tu propio nivel de temple interior. Revelan qué tan sólido ha sido tu trabajo para conquistar una paz robusta y a su vez gentil, noble y amable.

El agua y el aceite no se mezclan. Incluso después de su encuentro, el agua sigue siendo agua y el aceite sigue siendo aceite. Son quienes son. En su interactuar y en su esencia propia se definen por sus propiedades reales.

Lo que sucede no te fuerza a nada, solo revela tu propia naturaleza secreta. Por lo tanto, cada ente y cada situación, sin exclusión, se agradecen.

El otro no te define, tu decisión sí. Te define a ti y a tu mundo, dentro y fuera, arriba y abajo.

Si no hay coincidencias cada encuentro es sagrado. Aprende, en vez de juzgar, a entender que te juzgas tú con tu manera de actuar. Actúa entonces desde la nobleza para ser cada vez mejor en ello.

¡Calma!

Un poco de psicoanálisis

«¿Has actuado en conformidad
con el deseo que te habita?»
Jacques Lacan

¿Has actuado en conformidad con el deseo que te habita? Es la pregunta provocadora a través de la cual Lacan interroga la responsabilidad del sujeto en su forma más íntima. A esto se reduce entonces el proyecto de una ética del sujeto en psicoanálisis: la «desculpabilización» del deseo.

La ética del psicoanálisis se funda en una ética del bien decir, lo cual no significa que esta ética diga lo que es el bien. Es una ética que está más allá del bien y del mal, puesto que no hay bien decir sobre el sexo o sobre la muerte. El bien decir implica una posición ética del sujeto, que admite los límites del decir: lo real, cuyo límite se manifiesta en la imposibilidad y que hace del psicoanálisis una práctica entre la ética y la estética.

Retroceder frente al deseo, a lo que se llama el deseo, es suficiente para hacer que la vida no tenga sentido. Esto es la cobardía. Retroceder por cobardía hace que la vida no tenga sentido.

La responsabilidad del sujeto es, en suma, la responsabilidad del bien decir, lo que se deduce del respeto a la singularidad del sujeto, al deseo que lo habita y al derecho al enigma que introduce el inconsciente en la cultura.

Ya no más oídos cerrados

Todos los días me sorprendo de la poca capacidad de escucha que tenemos. ¿Por qué ocurre?

Es tan difícil encontrar que alguien te escuche realmente…

Una persona empieza contándote algo que le preocupa. La escuchas durante veinte minutos ininterrumpidamente e interactúas con ella, haciéndole preguntas sobre el asunto que darán un mayor contenido al tema tratado. Después de ese tiempo, más que razonable, comienzas a hablar tú de otro asunto semejante que, a pesar de no tratar el mismo tema, sí tiene una similitud con su caso en su trasfondo. Empiezas a hablar… y a las primeras de cambio esa otra persona te interrumpe diciendo: «Claro… Igual que me pasa a mí» para retornar nuevamente al tema inicial que le preocupaba. Es decir, no te ha escuchado. No ha valorado que antes tú si lo has hecho y encima vuelve a repetirte lo mismo, volviendo a hablar únicamente ella. Ella habla y tú escuchas, pero cuando tú vas a hablar… esa persona quiere volver hablar ella. Lo que ha hecho es una «escucha simulada».

Si quieres que te escuchen, escucha tú antes. Si quieres que te traten bien, trata bien tú antes a los demás. Si quieres respeto, empieza tú respetando a los demás.

Es muy fácil decir: «Quiero ser feliz» sin tratar que los demás lo sean a tu alrededor. Tienes que dedicar tiempo a los demás. Si das, recibirás. Pero si vas por la vida con el puño cerrado, ¿cómo pretendes encontrar en los demás manos abiertas? Aprende a abrir tus oídos. Como dice el dicho, «Dios nos ha dado dos orejas y una boca precisamente para hablar menos y escuchar más».

El *reseteo* de los siete años

Cada ciertos años (aproximadamente siete desde nuestro nacimiento) nuestra vida sufre un chocante pero necesario *reseteo* que nos empuja, por un lado, a que todos los cimientos que creíamos sólidos se tambaleen de forma brusca. Por otro lado, una extraña fuerza interior nos invita a empezar desde cero, aplicando toda la sabiduría y las herramientas adquiridas a través de las anteriores aventuras y desventuras.

Este «*reseteo* cósmico» nos ayuda a sincronizarnos con las nuevas vibraciones que se incorporan en nuestro campo energético y que a su vez nos mantienen en constante evolución y conexión con el universo.

Cuando se desconoce este ciclo de «derribo y reinicio», las personas perciben cómo sus vidas se desmoronan sin saber muy bien la causa real, pero una vez la obra de la vida empieza a realizar las reformas pertinentes se dan cuenta de lo necesario que era aplicar elementos como el desapego, el perdón, la fuerza de voluntad, el amor y la valentía en los nuevos planos de su destino.

Es importante tener en cuenta que cada ciclo de siete años la vida volverá a reclamar su sitio en el peregrinaje de la luz y todo aquello que te haya desviado del camino original (sean cosas, personas, tareas, etc.) será descartado de tu vida de la noche a la mañana con el fin de ayudarte a romper un ciclo e iniciar otro más maduro y consciente que el anterior, pero menor que el que vendrá.

No te resistas a los cambios y deja que las fuerzas naturales te muestren el siguiente paso que dar. Por muy perdido y confuso que puedas sentirte al principio, no es la primera vez que experimentas dicha metamorfosis y si vives lo suficiente seguramente tampoco sea la última.

El pasado puede llegar a ser un buen cuaderno de bitácora siempre que utilices en el presente las lecciones más importantes y esenciales para avanzar hacia un mejor futuro. Si utilizas el pasado como arma arrojadiza cada vez que tienes ocasión, lo único que lograrás será la distancia de los seres que amas y la sensación de la insatisfacción interior más nociva.

Del mismo modo que una flor sigue los ciclos de la naturaleza, debes saber cuándo es el momento idóneo para brotar, para florecer, para entregar tu fruto y para marchitar y así cerrar el ciclo adecuadamente con el fin de que el siguiente venga mejor, más estable y feliz.

Ahora ya sabes que esta etapa extraña de transición no es algo exclusivamente tuyo ni debes vivirla necesariamente como algo malo, pues sin duda alguna es necesaria.

Respira profundamente, sonríe al cielo, suelta la mochila de los miedos y confía, porque siempre al acabar la noche acaba saliendo el sol, una y otra vez, hasta el fin de tu tiempo.

El otoño

El otoño es tiempo de descanso y recogimiento. ¡Mi estación preferida!

Si observas el flujo de la naturaleza, que es el flujo de la vida, las estaciones van pasando. El verano concluye y se cierra para dar paso al otoño. Es parte del fluir de la vida. Las hojas se tornan de color marrón y caen. Los árboles se desprenden de ellas, se desprenden de todo aquello que les impide renovarse.

Vamos a imaginarnos un árbol. Un árbol que cuando llega el otoño se desprende de todo su follaje para dar paso a una nueva vida que florecerá en primavera. Al igual que este árbol, ahora es tiempo de desprenderse de todo aquello que es innecesario para continuar, de todo aquello que no nos sirve, de todo aquello que ya fue. Es el momento de liberarse y dejar ir para dar paso a lo nuevo.

Los árboles no temen soltar esa parte de sí mismos, no temen desprenderse de algo que fue de ellos durante un tiempo. Nosotros debemos hacer lo mismo: dejar ir el pasado y permitir que florezca una nueva etapa en nuestra vida.

Tomemos el otoño como un tiempo de renovación, un tiempo para deshacernos de los malos hábitos y para dar cabida a los nuevos. Dejar morir para renacer. Un tiempo de soltar aquello que no nos sirve, aquello que ya ha estado un tiempo con nosotros y ya está maduro. Tiempo de cosechar aquello que hemos ido plantando en nuestro ser.

Mas si quieres estar preparado para cuando llegue la primavera, que no se te olvide limpiar tu alma para los frutos de la próxima cosecha. Así esos frutos serán buenos y abundantes. Aprende del ciclo de la naturaleza, que es el ciclo de la vida. Aprende a desprenderte y a soltar, a soltar todo aquello que ya no te sirve, a soltar todo aquello que ya no necesitas, a soltar todo lo innecesario, a soltar aquello que ya está maduro.

Recoge tu cosecha. Has estado trabajando para, cuando llegue el otoño, poder recoger tu cosecha, prepararte para los meses de invierno. Ya podrán venir los vientos invernales, porque tú tienes tus bodegas llenas de tu cosecha. Ya podrá venir un crudo y gélido invierno, mas que no te importe.

Llega el otoño y los árboles nos invitan a deshacernos de lo que no nos sirve, nos invitan a reparar y a cosechar, nos invitan a buscar el equilibrio y a soltar lo que no nos sirve.

Yo voy aprender de los árboles.

Yo voy a desprenderme de lo que no me sirve.

Yo voy a soltar aquello que me es innecesario.

Yo voy a recoger mi cosecha.

Yo voy a prepararme para nuevas cosechas.

El otoño es tiempo de cosechar mis sueños.

El otoño es tiempo de cosechar mis proyectos.

El otoño es tiempo de cosechar mis frutos.

El otoño es tiempo de celebrar todos los dones que me llegan.

Yo voy hacer como los árboles.

¿Y tú?

Todo ocurre por algo

Hoy, hablando con una persona, me ha llevado a reflexionar sobre este tema.

Reza el dicho: «No hay mal que por bien no venga». Una verdad realmente absoluta, pero a la hora de la verdad la mayoría de las veces en nuestro camino por la vida nos tomamos demasiado en serio lo que nos sucede, hacemos un tsunami en un vaso con agua y nos hundimos en el mar oscuro de lo negativo (de ahí no hay quien nos saque si no somos nosotros mismos los que salimos).

Nos enfocamos en esas turbulencias que experimentamos en pleno vuelo del día a día y no en el trayecto que hemos recorrido o en cómo desviarnos por otra ruta para hacer más placentero nuestro viaje y llegar con buen cause a un destino adecuado.

Definitivamente, no existen las casualidades. Todo pasa para algo y es mejor que lo empieces a entender y asumir de esta manera para que, en vez de «sobrellevar» tu vida y «soportar» una cruz o asumir el papel de pobrecito, te hagas aliado de este gran regalo que es estar en la Tierra y empieces a ser capaz sacarle el mejor provecho a todo lo que se te presente. Sí, incluso a eso que la mayoría se llena la boca llamándolo problemas o dificultades y que en ocasiones hasta les encanta que sean la constante en sus vidas porque es una manera de atraer lástima o la atención de los demás.

Te aseguro que si haces un recuento de esas pruebas que han sucedido en tu historia, siempre has obtenido una recompensa y, además, te han significado un buen aprendizaje. Esas personas que han pasado por tu vida, la pérdida de un trabajo, una enfermedad, la ausencia de un ser querido, una ruptura sentimental, los apuros económicos, las frustraciones de no lograr lo que tú deseas en el momento preciso; en fin, esas caídas, esas situaciones incómodas e imprevistas debes agradecerlas porque de fijo han hecho de ti la personas que hoy eres.

De las «malas» experiencias, que no son más que producto de las decisiones que tomamos (y conste que no las tomamos mal, sino que las atraemos consciente o inconscientemente para avanzar en nuestras vidas), se aprende y se convierten en los hechos más relevantes que suceden en nuestras vidas. Todo es una consecuencia y todo aporta. Todo suma cuando deseamos crecer y valorar nuestra existencia.

XX (llamémosla así) llegó a la sesión desesperada porque, según ella, su vida no tenía sentido, ya que su novio la había traicionado con otra chica y ella «dependía» literalmente de esa relación, de su «amor». Con el paso del tiempo y varias sesiones, XX aprendió a agradecerle a su ex por lo sucedido. Primero comprendió que no era justo afanarse en estar con alguien que no la amaba realmente tanto como ella a él. Luego entendió que gracias a esa herida, a esa traición y a su corazón roto experimentó la importancia de perdonar, de tener más confianza en sí misma, de amarse primero ella y de ser más cautelosa a la hora de abrir su corazón e involucrarse en una relación (por poco manda construir un monumento en tributo a su ex, ya que todo lo que pasó le cambió la vida para bien).

También se dio cuenta de que idealizaba a su expareja y de que, al abrir los ojos, no era todo lo que ella supuestamente veía en él, sino que le ponía atributos que no existían en esa persona, pero que eran parte de lo que ella anhelada en un «príncipe azul».

Algunas veces te pasan cosas que parecen horribles, dolorosas y supuestamente injustas, pero en realidad llegas a comprender que si no hubieras superado estas situaciones nunca hubieras realizado tu potencial, tu fuerza o el poder de tu corazón.

Muy importante es, y hasta me atrevo a afirmártelo, que en esta vida las situaciones, las personas y las circunstancias a las que nos enfrentamos y que, por lo general, llamamos problemas o dificultades (pero que yo suelo nombrarlas como experiencias de aprendizaje) nos afectan o nos dañan si nosotros lo permitimos. Sin lugar a dudas, es una elección totalmente nuestra, algo así como cuando a pesar de que sabemos que un alimento nos va a caer como una patada en el estómago, lo comemos.

Las llamo lecciones de aprendizaje porque he aprendido que, en vez de enfocarme en elegir que las situaciones me desgasten o me angustien, debo entender que todo es un puente que nos llevará a algo mejor y que todo es una gran lección que la vida nos da. La idea es aprender de las experiencias que valientemente enfrentamos y, en la medida de lo posible, dejar de atraer más de lo mismo. Aprender la lección afirmando: «Vamos para adelante. De acá no soy. No es algo que quiero, no me corresponde, no lo acepto y mejor me preparo para disfrutar de lo bueno que la vida tiene para mí. Elijo ver lo bueno de esto que me está sucediendo. Sé que esto también pasará».

Tengo más que claro que, como todo en la vida, es mejor descubrir el lado positivo. A pesar de que sintamos que un hoyo negro nos está succionando (que me ha sucedido y, a menos que no seas humano, lo habrás experimentado), podemos optar por descubrir para qué la vida nos está presentando esa situación, en qué medida nos hace crecer, cómo saca lo mejor de nosotros, cómo nos sorprende mostrándonos que tenemos energía y fuerzas que no sabíamos que éramos capaces de tener.

Las situaciones nos afectan en la medida que nosotros lo permitimos, por el tiempo que nosotros determinemos (años, días, semanas, horas, minutos) y nos duelen o lastiman en la escala que nosotros dispongamos, es decir, desde un leve resentimiento hasta llevarnos a un estado depresivo.

La pregunta más trillada cuando surge algo que no teníamos previsto afrontar en la vida es: «¿Por qué a mí?». En vez de preguntarte esto, siempre cuestiónate para qué te está sucediendo y, además, ten muy claro que todo pasa. Como dicen, después de la tormenta viene la calma (además, nunca vas a enfrentar algo ante lo que no tengas o descubras tener las agallas para salir adelante).

Si bien es cierto que nunca es más oscuro que cuando va a amanecer, debes enfocarte en el amanecer, precisamente en que pronto será otro día, que verás la luz y de esa experiencia obtendrás solamente cosas buenas. Porque te aseguro que en tu camino no serás la misma persona que eras antes de enfrentar lo que tengas que sortear.

El chiste en la vida es ir asumiendo que todo pasará. Siempre ten muy claro que todo es pasajero. Cualquier situación tiene solución. Y si no la tuviera, ¿de qué te serviría estresarte? Lo importante es tratar de buscar el plan B o la nueva ruta que seguir y, en su efecto, cómo me aporta esta circunstancia a mi vida.

Con acongojarnos, estresarnos, ponernos tristes, depresivos y dejar que la tensión nos abrace no ganamos más que boicotearnos a nosotros mismos.

Todo pasa. Ninguna cosa ni ninguna emoción son permanentes. Todo viene y va como el día y la noche. Habrá momentos de alegría y momentos de tristeza. Acéptalos como parte de la vida misma. No le des protagonismo a lo que no lo merece ni te desgastes por nada. Con actitud positiva todo se puede y se logra.

Es tu decisión. ¿Qué decides? Responde y reflexiona. Y recuerda: sonríe, agradece y abraza tu vida.

La espiritualidad

La espiritualidad es mirar a tu vecino, comprender que su mal humor es causa de su dolor y no sentirte ofendido. Espiritualidad es que las cosas no salgan como tú deseas y aceptar que así ha de ser para tu aprendizaje. Espiritualidad es hacerte responsable de tus circunstancias, es no creerte la víctima, es no culpar a nadie de lo que te sucede.

Espiritualidad es vivir en la alegría, en el silencio, en el bullicio, en la tormenta, en la luz o en la oscuridad; vivir lo que la vida te propone sin pretender que sea otra cosa. Espiritualidad es comprender que si te enfermas no solo hay que atender los síntomas físicos, sino también ver qué emociones no estás gestionando y entender que lo que hace tu cuerpo es mandarte un mensaje.

Espiritualidad es caminar disfrutando de cada paso del camino, independientemente de lo que te suceda. Es atender las emociones sin identificarte con ellas. Es cuidar tus pensamientos y tus palabras. Es ser coherente y mantener la autenticidad en todos los ambientes y en todas las circunstancias.

Espiritualidad es abrazarlo todo. Es amar el mundo tal y como es, con todo lo que contiene, sin juzgarlo, sin quejarte, sin poseer.

Espiritualidad es compartir, es estar en paz. Es dejar que cada uno viva como le plazca. Es comprender que nada es real y que, a la vez, hay que ser impecables a la hora de jugar la partida de la vida.

Y no hablo de religión, no hablo de dogmas, no hablo de pecados, no hablo de creencias, no hablo del bien y del mal, no hablo de iglesias ni de maestros ni de normas. Hablo de lo que late cuando consigues parar y mirar hacia dentro y te das cuenta de que no tendría sentido la vida si solo fuéramos materia. Si solo estuviéramos aquí para pasar el rato. Si solo fuéramos un puñado de carne, de vísceras, de arterias. Si solo fuéramos un deseo atrapado en un cuerpo, sin un alma que anhela sentir de nuevo el amor del que, sin duda, forma parte.

Emociones guardadas

Las emociones guardadas se manifiestan a través de señales en nuestro cuerpo, somatizando.

¿Cuánta amargura se necesita para que se convierta en diabetes? ¿Cuánta soledad, rencor o insatisfacción se requiere para manifestar un cáncer? ¿Cuánta ira se precisa para que se convierta en gastritis? ¿Cuántas emociones no digeridas necesitas para que se conviertan en problemas estomacales? ¿Cuántas palabras no dichas y guardadas te has callado para que se transformen en problemas en tu garganta o tiroides? ¿Cuántas insatisfacciones son necesarias para que se originen las infecciones? ¿Cuánta falta de amor se requiere para que se genere una dermatitis? ¿Y cuál será la dosis de abandono para la obesidad?

Toda emoción o sentimiento mal canalizado causa una enfermedad y despierta un patrón repetitivo emocional ancestral dormido.

¿Cuánto tiempo más quieres esperar para resolver eso que es importante resolver en tu vida? ¿Dónde está tu límite para decir «ya basta» y tomar acciones reales y concretas para cambiar esa historia que te lleva al hartazgo de tu vida?

Porque sabes que esas situaciones no cambiarán solas, pero sí te vas dando cuenta de que con el tiempo van empeorando. Atrévete a realizar el cambio que necesitas, que te permita cambiar esa percepción que hasta ahora tienes y puedas fluir como el agua viva y recuperar la chispa de vida que está dentro de ti. No dejes pasar más tiempo para vivir la vida que mereces.

Según estudios médicos, un noventa por ciento de las enfermedades parten de las emociones. He aquí la importancia de sanar tu corazón y tus heridas para poder tener una vida plena y bendecida.

Te invito a que hoy escudriñes tu corazón y saques todo lo que te carga y te enferma. No busques la paz donde jamás la encontrarás ni busques la felicidad y el gozo en el lugar de donde jamás vendrán. Tus huesos se han secado y enfermado a causa de tu tristeza y amargura, así que es tiempo de soltar.

Es tiempo de sanar y perdonar. Es tiempo de vivir.

Los secretos

Creemos que cuando nacemos somos una hoja en blanco lista para ser escrita, pero esto no es así.

Lo que no se dice con palabras se expresa con dolores, síntomas o por accidentes. Cuando una generación se calla un secreto, las siguientes se encargan de revelarlo, reproduciéndolo a través de sus integrantes las veces que sea necesario hasta que alguien habla.

Somos generaciones de vivos que caminamos como mínimo con dos generaciones de muertos. Y mientras más grandes o más dolorosos sean los secretos salen a la luz con más intensidad en los descendientes.

Así, la enfermedad o los síntomas o la situación no son la solución del problema, sino una invitación a enfrentar un conflicto familiar que se ha mantenido en secreto.

¿Por qué calla la familia estos secretos no dichos, estos silencios, estas memorias dolorosas, estas culpabilidades? Por vergüenza. Hay suicidios, asesinatos, locura, robos, infidelidades, cárcel, abortos, incesto, abusos de todo tipo, homosexualidad y todo lo que quedó escondido y reprimido en nuestro clan, que ha provocado un vacío existencial en las vidas de las generaciones siguientes.

Cuando el árbol quiere mostrarte este secreto crea una estructura, situaciones que se repiten: fechas de nacimiento, enfermedades, accidentes con características similares, hechos que se producen en la misma fecha.

Cuando somos portadores de secretos lo vivimos como una carga extra, un cuerpo extraño que no nos pertenece. Vale más saber una verdad (aun cuando sea difícil, vergonzosa o trágica) que ocultarla.

Cuando logramos contar «el secreto» este queda liberado. El inconsciente sabe de dónde viene esa sensación. No necesitas hacer un drama de la situación, victimizarte o culpabilizarte. Es hablar con la verdad. La verdad libera, la verdad sana, la verdad trasforma.

Nunca debemos contarles secretos a los niños. Me refiero a que si le cuentas un secreto a un niño jamás debes decirle: «Pero no se lo cuentes a nadie». Eso es un abuso. Si le cuentas un secreto a un niño, él puede hacer con esa información lo que quiera.

La sanación del árbol consiste en quitar la repetición, comprenderla o repetirla en una forma positiva.

Personalidades y conducción

Tu forma de conducir viene definida por tu personalidad. ¿Y tú qué tipo de conductor eres?

Soy psicóloga y profesora de educación vial, profesión que considero arriesgada pero al mismo tiempo divertida y que te permite conocer los rasgos de personalidad que definen a una persona.

Aquí hago una exposición de los diferentes tipos que podemos encontrar. Ahora presta atención a tu personalidad:

1. El perfeccionista. Suele coger el volante con la típica postura de las diez y diez. Este conductor es aquel que, por lo general, aprendió a conducir en una escuela y procura siempre mantener las manos «a las diez y diez» y no ha perdido ese hábito porque le gusta hacer las cosas de forma correcta. Esta persona pone mucha atención en los detalles y las reglas del juego. Para ella las cosas no valen la pena si no se hacen bien. Su personalidad es sinónimo de éxito en la vida.

2. El inseguro. Coge el volante por la parte superior, como si estuviera enganchado a él. Estos conductores padecen a menudo de ansiedad. Revisan sus trabajos y proyectos hasta tres veces, hasta que se quedan seguros de sí mismos. Huyen de las situaciones de riesgo. Los amigos y la familia siempre tendrán su atención.

3. El pacificador. Coge el volante por los radios. Quien conduce de este modo, por lo general, suele ser mediador entre sus amigos y familiares. Huye de las discusiones porque le incomoda sentirse envuelto en ellas. Suele prestarse para mediar y solucionar problemas para lograr una resolución rápida y exitosa.

4. El jefe. Coge el volante por la parte inferior, con las manos hacia arriba. Es líder nato. Se hace cargo de las situaciones de una forma clara y decisiva. Es como si tuviera ese don. Las personas lo ven como gran orientador o asesor debido a que confía plenamente en sus capacidades. En el trabajo a menudo recibe elogios por su liderazgo. Le cuesta mucho trabajo encontrar una pareja que complemente su naturaleza, pero cuando la tiene la espera vale la pena.

5. El estresado. Una mano al volante y otra sobre el claxon de forma constante. Este conductor siempre anda bajo la influencia «contratiempo», por lo que es una persona muy ocupada. En lugar de perder el tiempo en la búsqueda de un problema, prefiere cortarlos de raíz de forma tajante. Es determinado, confía en lo que hace. Suele alcanzar todas las metas que se propone. Esta persona llega lejos en la vida.

6. El arriesgado. Puede llegar a sujetar el volante con las piernas. Este conductor le pone un toque de humor a todo lo que toca. Es divertido, lleno de creatividad, por lo que es perfecto para las artes. La gente disfruta de su compañía.

7. El aventurero. Una mano al volante, sujetándolo por el radio, y la otra sobre la pierna o con el brazo en la ventanilla. Le encanta vivir al límite y aprovecha al máximo cada momento. Los deportes de alto riesgo son atractivos para él. No le importa enamorarse cuantas veces sean necesarias; siempre pone toda la carne en el asador. Con su mentalidad se gana el respeto y la admiración de sus seres queridos.

Somos instantes

Muchos de los momentos más extraordinarios de nuestras vidas son momentos compartidos, son pedacitos de mágica complicidad con personas extraordinarias, con amigos de infancia o nuevos amigos, con familiares, con amores de un verano o amores de una vida entera. Fueron, son y serán momentos felices que agradecemos y que a su vez nos dan fortaleza en instantes difíciles.

Si pusiéramos ante nosotros, fotograma a fotograma, cada instante de nuestra existencia lo más probable es que aparecieran varias escenas con este brillo especial: el de la alegría, el del bienestar y ese equilibrio sutil donde de pronto la propia vida entra en armonía. Lejos de lamentar que no sucedan con más frecuencia esos momentos de perfección absoluta, lo único que debemos hacer es agradecerlos. Agradecer haberlos experimentado.

Nos hemos olvidado de que la felicidad, en realidad, son momentos, son preciosos fragmentos de tiempo que van y vienen como pompas de jabón relucientes que estallan y desaparecen…, pero que nos dejan a la vez esa sonrisa satisfecha en el rostro, ese hálito de ilusión con el que evocar el propio recuerdo de vez en cuando para sentirnos niños de nuevo.

Cerremos por un momento los ojos y pidámosle a nuestra memoria que nos traslade en el tiempo hasta un instante feliz. En poco más de un segundo estaremos ahí, en alguna travesura de infancia con nuestros compañeros de clase o jugando en la piscina con nuestros hermanos mientras el olor a cloro y césped recién cortado vuelve de nuevo a nuestra memoria. Puede también que nos veamos con nuestros abuelos paseando, atendiendo a sus historias mientras nos llevan de la mano una tarde, a las cinco, tras salir del colegio.

La memoria tiene predilección por los recuerdos de infancia, pero esos momentos de felicidad también pueden tener la forma de una caricia bajo la mesa, de un despertar en pareja sobre una misma almohada o incluso (¿por qué no?) de aquel viaje cuajado de anécdotas con los amigos de siempre.

Esos momentos compartidos, engarzados con el hilo dorado de las emociones, de la complicidad y el cariño, configuran por sí mismos una joya única en nuestra memoria más íntima, en nuestra historia personal.

No dudes, pues, en construir momentos extraordinarios cada vez que sea posible. Nunca te adaptes a lo que no te hace feliz. A veces lo hacemos, nos adaptamos a lo que no nos hace felices como quien se calza un zapato a la fuerza, pensando que es de su talla.

No lo olvides: el recuerdo es el perfume del alma.

Gracias, gracias y gracias

«Es de bien nacido ser agradecido», reza el dicho. En mi caso, mis padres me lo inculcaron y desde pequeña me enseñaron a decir «gracias» en numerosas ocasiones: cuando alguien me daba un objeto que pedía, cuando alguien sujetaba una puerta para dejarme pasar, cuando alguien me regalaba algo… Estuve muchos años dando las gracias varias veces al día cuando las personas hacían algo que me favorecía.

Te suena, ¿verdad? Seguro que a ti también te enseñaron a decir «gracias», como a mí. Pero ¿se puede afirmar que por dar las gracias alguien realmente es agradecido? ¿Qué quiere decir ser agradecido? ¿Y qué implica? Por ello, quiero invitarte a reflexionar conmigo sobre dar las gracias, ser agradecido y sentir agradecimiento en la vida. ¿Me acompañas?

Ser educado no es lo mismo que ser agradecido. Yo me consideraba una persona educada, pero una cosa es ser educado y otra muy distinta es saber agradecer. Si tú preguntas a muchas personas qué significa ser agradecido, quizás algunas te digan que tiene que ver con dar las gracias. Es cierto, hay que dar las gracias. Pero ¿cómo?

La gratitud no es una fórmula de cortesía, es un sentimiento y una actitud ante la vida. Si realmente eres una persona agradecida interpretarás la realidad que te rodea de forma positiva. La vida nos pone pruebas, pero si has entendido el significado de la gratitud incluso serás capaz de transformar las relaciones con las personas que te rodean. Sentirse agradecido es ser abundante.

Ser agradecido es dejar de ver todo como un problema para tomarlo como una oportunidad.

También puede ser que estés pasando por un momento difícil. ¿Qué estás aprendiendo de esa experiencia? Las experiencias negativas suelen ser la ventana que podemos decidir abrir para aprender que todo tiene un lado positivo.

¿Cómo te sientes cuando alguien te da las gracias? Hasta ahora te he hablado del agradecimiento que viene de tu interior, pero vamos a hacer el ejercicio contrario. Tu trabajo por los demás ha de ser desinteresado. Habrá personas que te agradezcan lo que haces, pero no serán todas, así que si siempre estás pensando en que los demás tienen que agradecerte lo que haces acabarás perturbándote y frustrándote sin necesidad.

No todo el mundo ha aprendido lo que significa agradecer. Por eso la mejor actitud es aceptar lo que venga de tal forma que te sientas coherente con tus valores sin necesidad de crearte expectativas.

Así que pensemos. ¿Te resistes a agradecer? ¿Cómo puedes convertir tu agradecimiento en felicidad para ti y los que te rodean?

¿Y tú estás agradeciendo todas las lecciones que nos da la vida?

La vida te rompe hasta que solo queda en ti el amor

La vida te desilusiona para que dejes de vivir de ilusiones y veas la realidad. La vida te destruye todo lo superfluo hasta que queda solo lo importante. La vida no te deja en paz para que dejes de pelearte y aceptes todo lo que «es». La vida te retira lo que tienes hasta que dejas de quejarte y agradeces. La vida te envía personas conflictivas para que sanes y dejes de reflejar afuera lo que tienes adentro.

La vida deja que te caigas una y otra vez hasta que te decides a aprender la lección. La vida te saca del camino y te presenta encrucijadas hasta que dejas de querer controlar y fluyes como un río. La vida te pone enemigos en el camino hasta que dejas de «reaccionar». La vida te asusta y sobresalta todas las veces que sean necesarias hasta que pierdes el miedo y recobras tu fe.

La vida te quita el amor verdadero, no te lo concede ni permite hasta que dejas de intentar comprarlo con baratijas. La vida te aleja de las personas que amas hasta que comprendes que no somos este cuerpo, sino el alma que él contiene. La vida se ríe de ti hasta que dejas de tomarte todo tan en serio y te ríes de ti mismo. La vida te rompe y te quiebra en tantas partes como sean necesarias para que por allí penetre la luz.

La vida te enfrenta con rebeldes hasta que dejas de tratar de controlar. La vida te repite el mismo mensaje, incluso con gritos y bofetadas, hasta que por fin escuchas. La vida te envía rayos y tormentas para que despiertes. La vida te humilla y derrota una y otra vez hasta que decides dejar morir tu ego. La vida te niega los bienes y la grandeza hasta que dejas de querer bienes y grandeza y comienzas a servir. La vida te corta las alas y te poda las raíces hasta que no necesitas ni alas ni raíces, sino solo desaparecer en las formas y volar desde el ser. La vida te niega los milagros hasta que comprendes que todo es un milagro. La vida te acorta el tiempo para que te apures en aprender a vivir. La vida te ridiculiza hasta que te vuelves nada, hasta que te haces nadie y así te conviertes en todo.

La vida no te da lo que quieres, sino lo que necesitas para evolucionar. La vida te lastima, te hiere y te atormenta hasta que dejas tus caprichos y berrinches y agradeces respirar. La vida te oculta los tesoros hasta que emprendes el viaje, hasta que sales a buscarlos. La vida te niega a Dios hasta que lo ves en todos y en todo. La vida te acorta, te poda, te quita, te rompe, te desilusiona, te agrieta, te rompe… hasta que solo en ti queda amor.

Ser guerrera

Miré adelante y, con una sonrisa en la boca, sentí que todo tenía sentido.

Entre aquellas montañas despertaba cálido el sol, que volvía a recordarme que ninguno de sus despertares era igual al anterior, así como yo no era la misma que minutos antes, que segundos, que instantes, que años.

Miré detrás de mí con el bastón de guerrera, de chamán, en una mano. Solo giré la cabeza y eché una ojeada a lo que fue. Volví a sonreír. O, mejor dicho, afiancé el gesto que ya inundaba mi cara.

No iba a dejar de ser yo. No quería complacer ni amedrentar mis valores por los demás. No iba a desnudarme de aquellas ropas que había ido cosiendo con tanta dedicación y decisión.

Me sentí segura, decidida, capaz. Era guerrera. Pero no de esas que luchan con sangre, sino de esas que luchan con alma. Mis victorias eran logros, mis logros. Y mi camino era mi intuición. Sabía perfectamente que nadie era ni iba a ser culpable de mis derrotas. Solo yo.

Pero más importante todavía: sabía que solo lo serían si abandonaba seguir luchando por ellas. Nada sería derrota si una parte de mí seguía en pie, con mi bastón en la mano. Con mi mirada hacia adelante. Con mi corazón en el espacio vacío, escondido, olvidado, esperando a ser descubierto, de mi alma. Conociendo.

Miré a mi derecha y vi mi bastón de guerrera. Inspiré profundamente. Miré a mi izquierda y vi a una niña sonriente que me miraba. Delicada, inocente, bella en todas sus formas y con ganas de «jugarle a la vida». La miré y le sonreí cuando golpeó, decidida, el suelo con su pequeño bastón.

¿Vamos? ¡Vamos!

Somos lo que damos

Al mundo, a quien nos importa,
a quien empezamos a querer,
a quien ya no queremos.
Somos lo que damos a quien llega a nuestra vida,
a quien continúa en ella.
Lo que damos a quien sentimos que se aleja.
Somos lo que ya no queremos dar…
porque lo que das termina
descubriendo quién eres.
Somos ese tono de voz que transmitimos
en las noticias tristes
o en las conversaciones incómodas.
Somos ese guiño de ojos
y ese seguido abrazo que calma,
que transmite,
que llena de energía
o que hace llorar.
Somos cuando elegimos estar.
Somos ese mensaje no respondido,
ese silencio.
Somos cuando no decimos
y somos cuando no podemos parar de decir,
de hablar, de confesar, de exigir, de perder el norte.
Cuando nos descubrimos.
Somos las llamadas que hacemos

y somos también las que nunca respondemos.
Somos las risas, somos el grito,
somos cuando no estamos y nos echan en falta.
Somos cuando fallamos
y terminamos siendo indiferencia.
Somos cuando repartimos amor
y cuando lo hacemos.
Somos todas esas conversaciones esquivadas
y somos esas que dejamos pendientes.
Somos extraños y somos también,
si queremos, cercanos.
Somos parte de la herida.
Otras veces, parte de la curación.
Y de pronto somos los besos, las oportunidades
y, de nuevo, el amor.
El que recibimos, que nos transforma,
y el que damos, que nos descubre.
Somos caricia, manta y escucha
y terminamos siendo apoyo y conexión.
Somos equipo y un infinito.
Inevitablemente, lo que haces es lo que te define
y lo que finalmente das
termina colocándote en uno u otro lugar.
Somos lo que damos.
Y lo que damos nos transformará.

A ti, mujer

A todas esas mujeres que saltan al vacío aun a riesgo de equivocarse, ya que, como dice el dicho, todo lo que necesitas está al otro lado del miedo.

A ti, mujer, que gateando por el suelo te has pasado horas callando el grito hasta encontrar en tu interior tu instinto más salvaje.

A ti, mujer, que has sido capaz de arriesgar en un momento todo lo que tenías en la vida por ser fiel a ti misma.

A ti, mujer, que has renunciado a un posible amor y te has quedado en la cotidianeidad, consciente de tu elección de amor.

A ti, mujer, que has dejado lo cotidiano y familiar y has partido para vivir tu pasión.

A ti, mujer, que has llorado como una niña exhausta después de la batalla para conseguir tu espacio y tu libertad.

A ti, mujer, que te has atrevido a bajar a lugares tan poco transitados, donde a veces el deseo de muerte es tan fuerte que toca el filo de lo eterno.

A ti, mujer, que te has enfrentado cara a cara con tu desesperación al no poderte liberar de tus dependencias.

¡A ti, mujer, que con coraje te has mirado desnuda ante el espejo y te has atrevido a ver (detrás de tus creencias de fealdad) tu impresionante belleza!

A ti, maravillosa mujer guerrera, que has descubierto que eres «igual de vulnerable que de fuerte» y que serías capaz de dar tu vida por defender la vida.

A tantas y tantas mujeres que han pisado donde no había pisadas ni señales que indicaran el camino.

A las mujeres guerreras que ahora, al leer estas frases, recuerdan y reconocen todos sus actos guerreros, tantas encrucijadas, tantas decisiones. Fueran las que fueran, ¡siempre fueron las mejores!

Así que a ti, mujer, que luchas y no te rindes, como dijo Benedetti:

> *… aunque el frío queme,*
> *aunque el miedo muerda,*
> *aunque el sol se esconda*
> *y se calle el viento,*
> *aún hay fuego en tu alma,*
> *aún hay vida en tus sueños.*

Eres lo que estás buscando

Dondequiera que estés, quédate como estás. Si lo haces, instantáneamente sabrás que tú eres lo que has estado buscando durante millones de años.

No hay búsqueda, porque se busca solamente lo que se ha perdido. Pero cuando nada se ha perdido no tiene sentido estar buscando algo.

Aquí, simplemente, sé silencioso. No despiertes un pensamiento en la mente. Entonces sabrás quién eres realmente.

Camina hacia ti

Camina lejos de discusiones que no te llevan a ningún otro lado más que al enojo.

Camina lejos de gente que deliberadamente te minimiza.

Camina lejos de cualquier pensamiento que reduce tu valor.

Camina lejos de los fracasos y temores que paralizan tus sueños.

Camina lejos de la gente que no se interesa en ti y es oportunista.

Mientras más camines lejos de las cosas que envenenan tu alma, tu vida será más feliz.

Así que camina hacia el amor, la paz, la amabilidad y la benevolencia. Date una caminata hacia tu interior. El silencio nos ayuda a caminar diariamente en la dirección correcta.

Mujer inteligente

Las mujeres inteligentes toman decisiones por sí mismas, tienen deseos propios y ponen límites. Tú nunca serás el centro de su vida porque esta gira en torno a ella misma. Una mujer inteligente no va a dejarse manipular ni chantajear. Ella no se traga culpas, asume responsabilidades.

Las mujeres inteligentes cuestionan, analizan, discuten, no se conforman, avanzan. Esas mujeres tuvieron vida antes de ti y saben que la seguirán teniendo una vez que tú te hayas ido.

Ella está para avisar, no para pedir permiso. Esas mujeres no buscan en la pareja a un líder a quien seguir, a un papá que les resuelva la vida ni un hijo a quien rescatar. Ellas no quieren seguirte ni marcarle el camino a nadie. Quieren caminar a tu lado.

Ella sabe que la vida libre de violencia es un derecho, no un lujo ni un privilegio.

Ellas expresan enojo, tristeza, alegría y miedo por igual porque saben que el miedo no las vuelve débiles, de la misma forma que el enojo no las vuelve «masculinas». Esas dos emociones y las demás, todas en conjunto, las vuelven humanas. Y ya.

Una mujer inteligente es libre porque ha peleado por su libertad. Pero no es víctima, es sobreviviente. No trates de encadenarla, porque ella sabrá cómo escapar. Recuerda que ya lo ha hecho antes.

La mujer inteligente sabe que su valor no radica en la apariencia de su cuerpo ni en lo que haga con él.

Piénsalo dos veces antes de juzgarla por su edad, estatura, volumen o conducta sexual, porque esto es manipulación emocional y ella lo sabe.

Así que antes de pensar siquiera en decir que deseas a una mujer «inteligente» en tu vida, pregúntate si tú realmente estás hecho para encajar en la suya.

A ti, que eres de esas mujeres.

Momentos

Uno aprende que la felicidad es una cuestión de momentos.

Es una taza de café con un amigo.

Es un beso robado.

Un mensaje.

Es un soplo de aire fresco después de un día en una habitación cerrada.

Es un paseo por el sol después de semanas de lluvias.

Es un nuevo perfume.

Es un abrazo afectuoso.

No, no pienses en el mañana.

No preguntes si habrá oportunidades adecuadas.

No pienses demasiado en el mañana.

No preguntes si va a llover.

Cierra fuerte los ojos.

Escucha el latido insistente de tu corazón.

Disfruta de cada momento, cada emoción, cada estremecimiento.

Y ahora dime, ¿no es eso acaso la felicidad? ¡Momentos!

El momento es ahora, no mañana

Sé que tu corazón se ha roto, sé que el futuro te parece incierto, sé que temes la ausencia de respuestas en este momento, sé que sientes un irresistible deseo por algo que no puedes describir.

Pero comencemos desde donde estamos. No nos enfoquemos en los miles de pasos que hemos de dar a lo largo del camino, sino en el sitio donde nos encontramos en este momento. Y solo hay el ahora.

Recuerda que muchos otros han pasado por lo que tú estás pasando y recuerda que a veces todo se ve más oscuro justo antes de amanecer. Pero en lugar de estar deseando que amanezca y rechazar la oscuridad, démonos la oportunidad de contactarnos amorosamente con todas esas partes oscuras. Dejemos que nuestra luz brille justamente ahí. Permitámonos conocer lo que está presente sin apresurarnos hacia lo que aún no está presente. Porque incluso la cueva más oscura puede contener grandes tesoros e incluso el más intenso e incómodo de los sentimientos podría ser la extraña medicina.

Anda tu camino con valentía y sabiendo que todos los que te aman caminan a tu lado. Las personas necesarias aparecerán en tu camino sin necesidad de llamarlas.

No cambié, solo... ¡desperté!

A ti, que me has juzgado por haber cambiado tanto como del cielo a la tierra, por no ser la persona que era, por tener «ideas extrañas en la cabeza», por ser «rara», por ser «atípica»... Con todo mi amor te digo que me enorgullece no ser igual al resto porque soy un ser único y singular en el universo, al igual que lo eres tú y todos los demás.

Solo se despertó mi conciencia dormida y dejé de seguir al rebaño para empezar a buscar en mi interior mi auténtica verdad. No se trata de agregar más conocimientos ni de adquirir nuevos dogmas; se trata de llegar a la esencia más simple y pura de las cosas.

A ti, que me has etiquetado de «bicho raro», de «soñadora», de «idealista»... Con todo mi amor te digo que no me estoy «escapando de la realidad».

Me he encontrado con la realidad desde un ángulo distinto, alejada de los pensamientos negativos que inundan mi cabeza. He empezado a escuchar más a mi silencio y al sentir de mi corazón, mi querido amigo. Eso es todo lo que ha pasado.

Con todo mi amor te digo que no hay nada de malo en ser diferente. Lo triste es perder nuestra identidad por uniformarnos con el resto y actuar de cierta manera solo porque lo dicen los demás.

He dejado de mirar afuera; hoy me guío por lo que me dicta el corazón y en ese centro he encontrado mi ancla.

Yo respeto tu verdad, pero hoy en mi corazón estoy sintiendo cómo esta realidad la podemos transformar si la empezamos a teñir con nuestro infinito amor.

No intentes definir quién soy. No he cambiado como quien se cambia de ropa para seguir una moda temporal. Yo no cambié de pensamientos ni de creencias ni de doctrinas; tan solo tomé conciencia de que hay una verdad mucho más grande y divina que está fuera de las barreras de nuestra mente.

Tomé conciencia de que la dicha más pura y auténtica brota del centro de nuestro ser, que tan solo había estado dormido por mucho tiempo.

Yo no cambié. ¡Tan solo desperté!

¿Sabes qué hora es?

Hora de reír porque sí, de llorar sin vergüenza.

Hora de correr sin mirar atrás, de parar cuando te apetezca.

Hora de soñar despierto y dormir con la realidad o con quien quieras dormir.

Hora de gritar «te quiero», «te odio»; de gritar tu verdad.

Hora de suspirar, respirar, aspirar profundamente el aire hasta sentirte lleno.

Hora de miradas y palabras, de sentimientos propios y ajenos.

Hora de quererse a uno mismo sin dejar de querer a los demás.

Es mi hora, tu hora, su hora, nuestra hora.

Es ahora o nunca.

Porque ¿sabes qué hora es?

¡Es la hora, es tu hora! ¡Es nuestra hora!

Formas de decir adiós

Hay mil formas de decir adiós, pero solo una forma incorrecta de hacerlo: no haciéndolo.

Hay quienes se despiden de forma literal, diciendo precisamente «adiós». Otros, con el «ya hablaremos» o «ya te llamaré» que nunca llegará. Y de estos deriva el grupo de personas que dice adiós cambiando su lenguaje corporal: con dos besos, que antes eran un abrazo.

En esta línea, hay quienes son capaces de despedirse con la mirada, mirando como miras un paisaje por última vez sabiendo que no volverás y sintiendo que la brisa dice: «Ya está». Otros pocos, por su parte, mandan un mensaje en el que consiguen pegarse un sermón sin decir nada en absoluto.

Por la otra, están los de mi equipo. Decimos adiós con buenas palabras e incluso cartas. Sin importar cómo se haya portado la otra persona. Y dentro de nosotros algunos se despiden de forma más selectiva, dependiendo de cómo se ha portado la otra persona; porque entienden que, si bien ellos siempre se despedirían con buenas palabras, no siempre la otra persona se lo merece.

Por último, están mis favoritos (nótese la ironía), que dicen adiós sin decirlo. Como si mi sexto sentido también tuviera que intuir que el susodicho se está pegando un *ghosting* (fenómeno de este siglo que consiste en dejar de hablar, contestar a los mensajes y, por supuesto, dejar de quedar en persona sin dar explicación alguna) y es una despedida a su modo: sin despedida.

Siempre he dicho que los inicios y los finales son importantes. No tanto porque marcan la historia entre ellos, sino porque reflejan cómo es la persona cuando muestra interés y cuando deja de hacerlo. Pero sobre todo porque los buenos finales, paradójicamente, pueden hacer que las despedidas se conviertan en un nuevo comienzo.

Pero no decir adiós, curiosamente, es la mejor forma de decir adiós. Para siempre.

Cuando te ames...

Te llamarán mujer de mal carácter, pero tú sabrás que es porque no te quejas de nadie.

Te llamarán difícil, pero tú sabrás que en realidad es porque tienes un pensamiento propio.

Te llamarán soberbia, pero tú sabrás que es dignidad.

Te llamarán insoportable y tú sabrás que estás siendo auténtica.

Te llamarán egoísta y tú sabrás que es respeto a tu persona.

Te llamarán ególatra y tú sabrás que es amor propio.

Te llamarán hiriente y tú sabrás que es tu imprudente sinceridad.

Te llamarán histérica, pero tú sabrás que es tu intensidad para defender lo que crees que es justo.

Te llamarán loca, pero tú sabrás que es valentía.

Te llamarán vanidosa, pero tú sabrás que es cariño a tu cuerpo.

Te llamarán puta, pero tú sabrás que es envidia.

Te llamarán creída, pero tú sabrás que es confianza en ti misma.

Te llamarán soñadora y tú sabrás que es tu inmensa fe en un poder más grande que todo.

Cuando te ames te llamarán como sea, pero no dudarás de ti, porque tú sabrás quién eres y nada podrá ofenderte.

Eso es amor por ti.

El abrazo y su poder terapéutico

El abrazo debería ser recetado por los médicos, pues hay en él un poder curativo que aún desconocemos. El abrazo cura el odio, los resentimientos, cura el coraje y los malos entendidos, cura el cansancio y cura la tristeza.

Cuando abrazamos soltamos amarras, perdemos en instantes las cosas que nos han hecho perder la calma. El abrazo nos da la paz en el alma. Cuando abrazamos dejamos de estar a la defensiva y permitimos que el otro se aproxime a nuestro corazón. Los brazos se abren y los corazones se acurrucan de una forma única.

No hay nada como un abrazo. Un abrazo de «te amo», un abrazo de «qué bueno que estás aquí», un abrazo de «ayúdame», un abrazo de «hasta pronto», un abrazo de «perdóname» y de «te perdono», un abrazo de «cuánto te extrañé». Abrazos…

Cuando nos abrazamos somos más de dos, somos familia, somos accesibles, somos sueños posibles. El abrazo debería, sí, ser recetado por los médicos, pues rejuvenece el alma y el cuerpo.

Y por eso hoy te dejo aquí… ¡mi abrazo!

Cuando vuelves a nacer

Pasa siempre que después de estar en una situación de riesgo empezamos a revisar y cuestionar nuestra vida. Un accidente, un atraco, un evento de la naturaleza, una enfermedad e incluso un incidente doméstico nos colocan en ese estado de introspección. Es poner bajo la lupa nuestras acciones, nuestros resultados y nuestros sueños engavetados. En ese momento comienza nuestro propio proceso de crecimiento y aprendizaje.

¿Será por esta razón que repetir experiencias de similar impacto emocional es el motivo para revisar y replantear nuestra vida?

Muchos de nosotros pasamos la vida transitando por caminos que no nos agradan ni satisfacen. Nos dedicamos a oficios que no nos apasionan, realizamos actividades que realmente nos desagradan, vamos cometiendo excesos que ponen en riesgo nuestra salud, sentimos fastidio de levantarnos cada mañana a retomar nuestra rutina y peor aún si es lunes y no hacemos nada para cambiar ese estado hasta que se nos presenta otra situación intensa. Después de pasar el susto es cuando sentimos que volvimos a nacer y adoptamos posturas y acciones que vayan más en sintonía con nuestra frecuencia, que nos vuelvan a poner en el camino de nuestros sueños o que nos ayuden a apreciar y agradecer, de mejor manera, las bendiciones con las que contamos.

Ahora me pregunto yo: ¿es realmente necesario repetir un evento traumático para tomar otro enfoque y rescatarnos de nuestra propia negligencia? ¿Acaso no es suficiente tortura estar viviendo una vida que sabes que no es para ti?

Yo, en realidad, no quiero invitaros a que experimentéis un proceso similar, ya que creo que es suficiente drama el seguir viviendo una vida que no os satisface. Considero mejor que os paréis frente al espejo y os preguntéis: «¿Es esta la vida que yo quiero?».

Responder de manera negativa debería ser suficiente. Realmente, no necesitas más. Prefiero invitarte a que simplemente cambies tu enfoque. Empieza a mirar la vida desde otro ángulo y toma acciones al respecto. Rescata tus sueños, ve por ellos, reinvéntate. Cambiar es tan sencillo como chasquear los dedos. Solo tienes que cambiar tus rituales.

Nacer pudo haber sido traumático una vez, pero parirte tú mismo puede resultar tan divertido como un paseo en la montaña rusa.

Vuelve a nacer. Te deseo un buen viaje.

Fluye; todo ocurre por algo

Imagino que no descubro nada cuando digo que, al igual que muchos, a veces me siento un poco aturdida por esas típicas manifestaciones «casuales» que nos encontramos casi a diario en el transcurrir de nuestras vidas.

Un día de repente ocurre algo que parece no tener explicación. Dudas, pero no quieres concederle más importancia. Sin descubrirlo por el momento, resulta que paralelamente se ha desencadenado una serie de sucesos que guardan algún tipo de relación con el anterior. Puede ser que tardemos días en descubrirlo, quizás años. O puede que nunca lleguemos a hacerlo, no por el hecho de que no se nos presente la oportunidad, sino porque no lo hemos sabido ver. Pero lo cierto es que ahí están.

Hay quienes prefieren llamarlas «casualidades» porque no tienen preguntas ni esperan respuestas sobre el acontecer de sus vidas. Las llaman «coincidencias», que tanto podrían haber ocurrido como no, y no esperan encontrar una relación o no la buscan. No creen en el entramado de que sus vidas puedan estar preescritas antes de que ellos elijan cómo vivirlas. Otros, más aferrados al concepto de destino, las llaman «causalidades» y piensan que sus vidas están «encarriladas» y dirigidas por él.

En mi opinión, es más fuerte el poder de la causalidad que el de la casualidad. No creo que haya casualidades, en el sentido de que pienso por propia experiencia que verdaderamente las cosas pasan por algo, que ese algo «existe» por encima de nosotros. Podemos llamarlo de muchas maneras. Para mí no tiene nombre. Es una fuerza, una energía que fluye, que existe. Solo eso. Con esto no me decanto por la existencia de una historia preconcebida. Es decir, no creo que exista un destino marcado y rígido ya planificado. Creo en nuestro libre albedrío, en que cada uno elige la manera de vivir su vida dentro de las posibilidades que nos brinda esa fuerza o energía. Pero el arquitecto de la vida supo dejarlo todo bien atado. Todo está bien. Siempre.

Es impresionante cuando te das cuenta de esas relaciones. Quizás antes no sabías verlas o pensabas que eran meras coincidencias, pero nunca dejo de sorprenderme, porque cuando quiero darme cuenta todo está en su sitio, perfectamente encajado, aunque a veces cueste entenderse así. Todo tiene un porqué, porque toda experiencia, buena o mala, conlleva un aprendizaje para el alma. No necesitamos instructores para poder «ver» esos mensajes, sino simplemente ser observadores con nuestras vidas.

Cada coincidencia es un mensaje, una pista sobre un aspecto particular de nuestras vidas que requiere atención.

La voz tranquila y sosegada en nuestro interior o un sentimiento visceral respecto a algo o alguien son formas de comunicación a las que debemos hacer caso. Las coincidencias también son mensajes de este tipo. Si prestas atención a las coincidencias de la vida podrás aprender a escuchar sus mensajes claramente.

Una vez que comprendemos cómo funciona la vida (el flujo de energía, información e inteligencia que dirige cada momento) empezamos a percatarnos del increíble potencial de ese momento. Nos volvemos alegres y nos sentimos llenos de dicha.

Así que está atento y aprende a observar. Seguro que encontramos más coincidencias en nuestra vida. Solo hay que saber mirar.

Conectar

Cuando conectas con alguien sientes que lo conoces de toda la vida.

Una de las cosas que más me quiebran en esta vida son las despedidas. Irte de un lugar significa alejarte físicamente de la gente que amas, de los amigos, tus hermanos del alma, personas con las que conectas en ese lugar.

Alguna vez leí que las cosas pasan por algo, pero sobre todo que todos estamos aquí por alguna razón. Ese encuentro de unos con otros es parte de ese camino que elegimos construir. Nos rodeamos de lo que queremos ser, consciente o inconscientemente.

Sin duda, he conocido personas que instantáneamente me hacen sentir que las conozco desde otra vida o te dejan esa sensación de que las conoces como si siempre hubieran estado juntas y, sobre todo, de que no quisieras vivir sin ellas nunca más. Personas con las que he comprobado que la distancia representa poco, por muy lejana que sea, cuando alguien significa demasiado para ti. Cada vez que las veo pareciera que siempre han estado a mi lado.

De cada lugar recorrido, sin lugar a dudas, me llevo a alguien nuevo en el corazón, las piezas más valiosas de cada experiencia. Cada alma que nos encontramos en el camino tiene un propósito en nuestra vida. Todos tenemos un propósito para ayudarnos unos a otros.

Un mejor amigo de la infancia de apoyo incondicional. Otro que te comparte su perspectiva de la vida o te da un buen consejo en el momento que más lo necesitas. Esa persona que te enseña cómo se vive en el otro lado del mundo. Otros que te hacen descubrir habilidades que no sabías que tenías. Personas que te hacen reír hasta tener dolor de estómago, que te ayudan a recordar quiénes realmente somos o que te ayudan a descubrirte. Un profesor de la universidad que nos marcó profesionalmente. Un amor incondicional para caminar juntos al volver a casa, tomarnos de la mano y nunca dejarnos ir. Sin duda, hay personas que complementan tu camino en la vida.

Además de compartir amor, cariño, compañerismo, busquemos que nuestra realidad marque en la vida de los demás. Tengamos un propósito para que las personas conecten con nuestro camino. Busca rodearte de buena vibración, de gente que te hace una mejor persona.

Agradecida a la vida por cada una de las personas mágicas que forman parte de mi existencia, por aquellas que aún no llegan. Porque siempre hay un principio y un «hasta pronto» con la gente, pero todas las personas nos enseñarán algo. Es un aprendizaje mutuo.

¡No te acerques!

¡Tú, hombre! Nunca te acerques a una sacerdotisa para amarla si no sabes a quién te acercas. Corres el peligro de no olvidarla, de no entenderla, de no llegar nunca a ver su mundo.

Prepárate para un amor de otros mundos, para caricias mortíferas, sonrisas que son hechizos y canciones mágicas que no podrás sacar de tu corazón. Prepárate para lunas llenas y estrellas, lunas oscuras, solsticios, equinoccios, chimeneas humeantes e inciensos.

Hombre, ten en cuenta que te acercas a un alma salvaje, lejos de todo aquello que has conocido. Ten en cuenta que sentirás vértigo y que posiblemente haya momentos en los que salgas corriendo de su lado por no perderte para siempre en sus brazos, como si de un bosque mágico se tratara.

Piensa que no es de este mundo, que si te dejó entrar en el suyo es un regalo, es una puerta que ella no abre a cualquiera y que confía en ti. Ella es la incomprendida, la señalada por aquellos que nunca entenderán la magnitud de su alma. No rompas su confianza; serías un asesino de unicornios, tal es la magia y belleza que esconde el alma de una sacerdotisa.

Hombre, nunca te acerques a una sacerdotisa si no sientes curiosidad, si nunca perseguiste mariposas o libélulas o si nunca te agachaste a tocar la tierra o coger una flor o nunca soplaste un diente de león. No te acerques a ella si no estás dispuesto a volar, a abandonar lo cotidiano, a dejarte llevar por su supuesta locura, por sus pasiones y a olvidarte de tus miedos. Nunca te acerques a una sacerdotisa si no estás dispuesto a vivir la aventura de tu vida.

Lee mis palabras, porque no son literatura. Son una advertencia real. Si se ha cruzado en tu vida una sacerdotisa y no estás dispuesto a entregarte a ella, date la vuelta, levanta la cabeza con honor y vete antes de entrar en su mundo para dañarlo.

Ellas son seres en peligro de extinción.

Y volveremos a abrazar después de este caos

El regalo más grande del mundo es un abrazo. Es la mejor forma que tienen las personas de demostrar que están ahí, que mientras esos brazos te rodeen nada malo puede suceder. Uno fuerte y apretando puede parar durante unos instantes todas las guerras del mundo.

Un reencuentro y una despedida con abrazos. Unas lágrimas recogidas entre sus brazos. Un mal día con dos personas que se unen antes de dormir. El abrazo que estuvo a punto de suceder y nunca lo hizo. Aquel del que todavía nos arrepentimos. Abrazos del final de la angustia, del final de la carrera, del final del miedo.

Personas que sabes que cuando abrazan, aunque sea pocas veces, siempre lo hacen de verdad. El abrazo a tus padres. A tus amigos. El abrazo que es dice más que un beso.

Abrazar es una forma de vida y, aunque creamos que no, no es lo mismo vivir sin abrazos.

¡Ven!

Un poco de psicoanálisis para pensar

Lacan afirmaba que solo se siente culpable quien cedió en su deseo.

El deseo, que es por naturaleza insatisfecho e incompleto, es al mismo tiempo el que nos regala las coordenadas de nuestra subjetividad: quiénes somos, qué nos moviliza, qué nos apasiona, qué nos impulsa a levantarnos cada día, por qué seguimos aun en tiempos inciertos y absurdos como estos.

El deseo se desplaza. Por más que estemos bien en una situación, siempre fluye, como el agua, hacia otro lado. Pero al mismo tiempo ese fluir no nos libera de nuestra responsabilidad, de hacernos cargo de lo que deseamos.

En esta época de introspección obligatoria podría resultar interesante y necesario pensarnos a nosotros mismos como punto de partida para pensarnos con el otro. Porque antes de lanzar la pregunta hacia afuera sería conveniente preguntarnos: «¿Me amo? ¿Me soy fiel? ¿Me respeto? ¿Me engaño? ¿Me miento? ¿Me abandono? ¿Me acompaño? ¿Me escucho? ¿Estoy actuando conforme al deseo que me habita?».

¡Os invito a que os hagáis esa pregunta!

Conectar contigo mismo

Tal vez el universo nos está pidiendo reiniciar, regresar a la esencia, al interior, y comenzar de nuevo.

Tal vez necesitamos recordar quiénes somos, qué somos, por qué estamos aquí y volver a conectar con lo que de verdad tiene valor en la vida.

Tal vez sea momento de volver a la empatía, al amor, a la bondad, a lo esencial y dejar de lado lo superfluo, lo trivial, lo que no es tan importante.

Regresar al respeto por los demás, por la naturaleza, por nosotros mismos.

Si aprendemos a ver lo que realmente el universo nos está diciendo, lo que realmente es importante, esta lección no se volverá a repetir de la misma manera y todos seremos mejores.

¿Tú ya conectaste?

Manos que sanan

Las manos de una persona enseñan muchas cosas. Sirven para tocar, manipular, para expresarse, comunicarse, acariciar, amar y para sanar. Aunque parezca algo irreal, lo cierto es que es así. Nuestras manos tienen muchas oportunidades y posibilidades. A veces, cuando hablamos, no dejamos de mover las manos para dar más fuerza y firmeza a lo que estamos explicando. Cuando queremos expresar cariño, acariciamos la mano de otra persona o su mejilla. Podríamos decir que somos poseedores de una gran riqueza porque, además, con nuestras manos somos capaces de sanar, de curar el mal del otro gracias a ese amor que mostramos a través de las manos.

Al utilizar las manos se activan varias zonas del cerebro. Así, al pintar, escribir o masajear se establece un patrón de conectividad del campo neuronal que es específico para cada función. Cuando empleando las manos acogemos, bendecimos o señalamos, generamos un patrón específico de conexiones neuronales que crean un campo de emisión particular. Cuando abrazamos no solo empleamos los brazos y las manos, sino la totalidad del campo energético corporal, cuya energía es portadora de pensamientos, intenciones y sentimientos.

¿Qué sutil diferencia existe entre el simple contacto manual y la caricia? ¿Qué tipo de energía irradian las manos que acogen, cuidan, protegen, sanan o bendicen? A lo mejor hay un débil potencial eléctrico que podemos medir, pero el pensamiento, la intención y el amor no tienen medida. Podría no ser científico, pero son y generan efectos que podemos medir.

Las manos son nuestra máxima expresión de amor. Si además ponemos intención y pensamiento, estamos dando todo de nosotros en aquello que toquemos.

Utiliza tus manos; son una extensión de tu corazón. Muestra con ellas tu capacidad de amar. Porque las manos que ayudan son más nobles que los labios que rezan.

¡Úsalas!

En medio de mí

En medio del odio me pareció que había dentro de mí un amor invencible.

En medio de las lágrimas me pareció que había en mí una sonrisa invencible.

En medio del caos me pareció que había en mí una calma invencible.

Me pareció que, a pesar de todo, en medio de este raro invierno atemporal, aunque ya sea primavera, había dentro de mí un verano invencible. Y eso me hace feliz, porque no importa lo que el mundo empuje en mi contra; dentro de mí siempre hay algo más fuerte, algo mejor, empujando de vuelta.

¡Y todo ello en medio de mí!

Os invito a que reflexionéis para ver qué hay en medio de vosotros.

Vamos a por el jueves. Un día más u otro día menos, según lo mires; pero, eso sí, con fuerza y ganas para saber que dentro de esta guerra todos saldremos victoriosos.

¿Qué tan lejos estamos de estar cerca?

Nietzsche decía que de nadie estamos tan lejos como de nosotros mismos.

El adverbio «lejos» viene del latín *laxius*, que, curiosamente, alude a distancia, amplitud, espacio; y también del adjetivo *laxus*, que alude a suelto, flojo, relajado. Quiere decir que cuando algo está a distancia nos relajamos, nos libera de la angustia y no casualmente. La evitación es el mecanismo de defensa en las fobias para mantener alejado el objeto temido (y, por ende, deseado) y así aliviar el malestar.

El tema de estar lejos alude entonces a un desconocimiento de una parte nuestra. ¿Y quién es el que desconoce y nada quiere saber de lo que nos sucede? El yo. Es el yo el gran enmascarador que tapona y disfraza, engañándose. De ahí la famosa frase: «Soy donde no pienso y pienso donde no soy», a la que alude Lacan como contrapunto al «pienso, luego existo» de Descartes.

Esa es la gran brecha que nos mantiene a distancia con nosotros mismos. Es decir, se impone la distancia para aplacar la angustia y soportar la falta. Por ello, es necesario crearse el propio espacio interior.

¿Y tú cuán lejos estás de ti mismo? Os pongo a cavilar un poco.

Todo lo que buscas
está dentro de ti

«Todo está en ti». «No busques fuera». «El amor, la felicidad y la paz están dentro de ti». Tantas veces hemos escuchado frases como estas que casi se han convertido en tópicos y ni siquiera nos detenemos a contemplar lo que expresan. Suena bonito, algo así intuimos. Y si así lo dicen, así será…

A veces, sin embargo, este tipo de afirmaciones resultan difíciles de entender o asimilar. Pueden generar incluso una reacción de rechazo en momentos de sufrimiento, en los que deseamos con fuerza que algo o alguien ahí fuera calme nuestro malestar o nos anime, prometiéndonos una situación mejor en el futuro.

Mientras sigamos considerándonos un pequeño yo separado de todo lo demás, limitado a un cuerpo, lo único que encontramos dentro es carencia, soledad, vacío y necesidad. Y es natural que no sintamos en nuestro interior esa supuesta plenitud, imposible en límites tan estrechos. Precisamente por eso es por lo que nos convertimos en buscadores de felicidad en los objetos, las relaciones o las situaciones.

«Mira dentro de ti. En ti está todo», escuchas que te aconsejan, pero cuando miras solo aparece desolación o miedo y concluyes que eso no es verdad, cerrándote a ese tipo de aserciones aparentemente tan espirituales y bienintencionadas, pero que no resuenan para nada contigo.

Poco a poco, si nos habituamos a observar y permitir esos movimientos sin tratar de arreglar nada, vamos descubriéndonos como la consciencia amplia en la que las cosas van y vienen, la experiencia viva y penetrante de todo, sin identificarnos con las reacciones emocionales, las sensaciones o los pensamientos que nos atraviesan. En otras palabras, dejamos de concebirnos como objetos víctimas de otros objetos y nos descubrimos como la luz de la consciencia, que ilumina y abraza todo.

Permitámonos vivir en coherencia con este instante, abriéndonos amorosamente a la experiencia y sintiendo lo que sentimos. Quizás descubramos que, a través de ese malestar y de esa contracción, la vida nos está invitando a reconocernos en nuestra verdadera naturaleza, como vida misma, como consciencia no limitada a un pequeño yo comprimido en un pequeño cuerpo, albergando emociones y pensamientos dolorosos que nos abruman al no conocer nuestra grandeza real. Quizás descubramos el inmenso caudal de amor que abraza toda experiencia sin condiciones.

Solo desde ahí, fundidos con lo que somos, la verdad surge con fuerza desde la profundidad del corazón. Y nada ni nadie puede arrebatarnos nuestra íntima certeza.

Identificando emociones

El encuentro más íntimo no es el corporal, es la entrega emocional. Un intercambio que se produce cuando se vence el miedo y nos damos a conocer al otro tal y como somos en cada una de nuestras vertientes. No es fácil de lograr; de hecho, una entrega emocional no es algo para considerar a la ligera ni con cualquiera.

Hacen falta tiempo, fuerza y ganas de escuchar, sentir y abrazar emociones. Conocernos a nosotros mismos y al otro. Es importante que las personas nos identifiquemos con lo que sentimos y nos demos cuenta de qué es lo que sentimos, si nos viene la comodidad o la incomodidad.

Conocer nuestro campo emocional es necesario para destapar nuestros miedos, conflictos, inseguridades, logros, aprendizajes... Debemos descubrir al mismo tiempo nuestras debilidades para que nuestras reacciones no nos manejen.

Así que la verdadera seducción no es la que se realiza con las palabras o la del contacto piel con piel, sino que necesitamos de nuestros sentimientos para poder hablar del lenguaje del alma. Así es como se producirá la verdadera conexión.

Solo así lograremos crear un ambiente emocionalmente distendido en el que realmente pueda darse en el encuentro íntimo, el revelar de los miedos, de las inseguridades y de la verdad emocional, ya que todos traemos una carga emocional anterior y eso a veces es difícil de escudriñar.

Identifiquemos emociones antes de cualquier aventura y encuentro personal con otro, porque solo así llegaremos a descubrir quiénes somos y qué nos motiva.

La vida da muchas vueltas, pero al final cada cual termina con quien debe estar.

Sin duda, muchas veces nos apuramos, queremos forzar resultados, inyectar sentimientos, nos atormentamos queriendo estar junto a alguien y en la mayoría de los casos la vida, de múltiples maneras, nos demuestra qué desacertados estuvimos en esos momentos.

Cada persona que se cruza en nuestras vidas tiene un propósito con nosotros y viceversa. Nuestros encuentros, en especial los que consideramos trascendentales, corresponden a aleaciones que se dan en los momentos en que los necesitamos, en que estamos preparados para recibirlos.

Lo que ocurre es que nuestro ego siempre quiere tener el poder de controlarlo todo. Incluso pretende saber más de lo que nuestra alma sabe. Y desde allí siempre se apura, siempre termina por tropezar. Si aprendemos a callar un poco esa mente arbitraria y escuchamos nuestro corazón, se nos hará mucho más sencillo despedir a personas que consideramos importantes, pero que no necesariamente nos acompañan hasta el final, y darles la bienvenida a otras que quizás sean las que formen parte de nuestros proyectos de vida.

No te apures; ya verás que al final todo encaja. Confía en el proceso de la vida y procura sacar de cada una de tus relaciones el mayor provecho. Da lo mejor de ti, ama y entrégate como si no existiese un mañana. Pero si debes soltar, dejar ir, relájate y hazlo, porque ese no es el fin. Al final cada quien termina con quien debe estar aunque la vida dé mil vueltas.

Como dijo Jung: «El zapato que le ajusta a un hombre le aprieta a otro. No hay receta para la vida que funcione en todos los casos».

Free as a bird

Hoy mi fuente de inspiración es esta canción de los Beatles, que escuché al levantarme porque mi hermano la había publicado.

A veces miramos por la ventana y escuchamos el canto de un pájaro, lo vemos volar surcando el cielo y nos decimos: «Me gustaría hacer lo mismo que ese pajarillo y sentirme así de libre». Al mismo tiempo nos respondemos: «Pues hazlo, porque entre su vida y la tuya no hay demasiada diferencia».

¿Qué crees que hace el pájaro durante el día? ¿Crees que lo pasa solo disfrutando de su libertad? Pues no. Ese pájaro dedica la mayor parte de su tiempo a buscar comida y otros menesteres ligados a la supervivencia. Exactamente lo mismo que se supone que haces tú.

¿Crees que vuela y explora los confines del mundo? Tampoco. Se mueve por las zonas que conoce, su zona de confort. El resto del planeta le sobra. Quizás tú mismo goces de mayor movilidad. Al igual que tú, tiene que observar y vivir los desastres que también vemos los humanos.

Soporta inclemencias meteorológicas y, si puede, huye de sus depredadores, entre los que se incluye la criatura con mayor capacidad de destrucción: nosotros. Pero en realidad no es más libre que tú físicamente.

Quizás lo que ocurre es que, aunque el pájaro no lo pueda explicar con palabras, él sí se siente libre… o eso es lo que transmite. Se eleva aprovechando una corriente de aire, canta para sentirse mejor y en las tardes frías disfruta del sol, que le da un poco de calor.

Ni más ni menos que lo que hacemos o podemos hacer nosotros, procurar un poco de felicidad cada día. Podemos hacerlo como ellos. Y si el pájaro se siente libre, ¿por qué no tú?

Nosotros contamos con un factor que ellos no tienen, que es nuestra imaginación. Úsala, es una gran herramienta que te puede llevar donde tú quieras y puedes hacer con ella todo lo que te plazca. Al fin y al cabo, la libertad viene de dentro, solo tienes que utilizarla. Así que úsala y te llevará a donde tú desees.

Y recuerda: ¡ponte a volar!

Esperas

Nos pasamos la vida esperando algo. Esperamos para nacer, cuando nos graduamos en el colegio, luego para ir a la universidad, elegir lo que quieres ser en tu vida, para conseguir tu primer trabajo… En realidad, ¿cuándo no esperamos?

Todo esto sin mencionar la titánica labor que vivimos muchos en el proceso de encontrar a esa persona con la que valdrá la pena compartir nuestra vida (en medio de corazones rotos, pruebas y aprendizajes hasta que encontramos a la persona cierta) o hallar la ocupación que nos apasione lo suficiente como para sentirnos realizados en nuestras vidas, para que no llegues un lunes amando lo que haces y termines un viernes rogando que llegue ese día.

Esperamos como quien espera un beso robado, como quien espera a un ser querido desde hace mucho tiempo, como quien espera su postre favorito, como quien espera el final de un grandioso libro, a la paz para sentirse vivo. Como quien espera que la felicidad llegue a su vida. Esperar que suceda lo que jamás sucederá. Esperar, esperar, esperar… ¿Y todo para qué si la vida va pasando y no nos percatamos de lo que verdaderamente está ocurriendo?

Por tanto, para que no se nos vaya nuestro preciado tesoro, que es el tiempo, solo queda esperar que ya no quiera esperar. ¡Vivo el momento!

Y ya sabes, no esperes. ¡Actúa y fluye!

Acuerdo de almas

Con cada persona que forma parte de nuestra vida establecemos un acuerdo de almas. Esto significa que mucho tiempo atrás, en el reino de las almas, prometimos tener un encuentro especial, compartir la vida, modelar la experiencia, completar otra alma al unirnos con ella en esta vida terrenal.

Los acuerdos entre almas son compromisos para el crecimiento del alma en conjunción con otra. De esta manera emprendemos el viaje hacia un estado de conciencia y apertura total, que los místicos denominan «iluminación».

Estos compromisos hacen que sintamos una extraña conexión con otra persona. Otras veces no entendemos que alguien con carácter difícil forme parte de nuestra vida o nos preguntamos simplemente por qué recorremos la vida junto a alguien, como si hubiera un acuerdo tácito que a su vez puede terminar abruptamente.

Algunas personas vienen al mundo para ser bellas y fuertes; otras, para ser complicadas o raras. Algunas lo hacen para morir jóvenes y enseñarnos a través de la desolación de tan terrible pérdida. Otras vienen para vivir muchos años e instruirnos mediante su sabiduría. Sin embargo, no importa cuál sea nuestro rol: todos formamos parte de este gran destino espiritual, que principalmente consiste en recordar nuestra esencia eterna y dirigir nuestros actos hacia la unión final.

Cada persona que conocemos en situaciones buenas o terribles, breves o duraderas, y cada relación de la que formamos parte representan una pequeña escena en el eterno conjunto humano, cuyo fin es el desarrollo del alma.

Ninguna relación puede verse como un error o un fracaso. A la luz del espíritu, comprendemos que estamos cumpliendo nuestro rol con miras a la realización de un plan perfecto y eterno.

¡Qué bonita la vida!

Qué bonita la vida, que da todo de todo de golpe y luego te lo quita; que a veces cambia de baile, volviéndose maldita cuando cambia de planes. Ahora juega contigo, otras tanto comparte. ¡Qué bonita la vida!

Hoy mi fuente de inspiración es esta canción de Dani Martin, *Qué bonita la vida*. Sí, es bonita, aunque a veces se vuelva caprichosa y nos parezca que no entendemos nada de lo que está ocurriendo. A veces tenemos que parar dentro de este frenético ritmo de vida que llevamos. Y ahora, en estos momentos, una fuerza superior ha parado todo.

Estamos en un momento de incertidumbre; tenemos tantas dudas como preguntas, que quizás no tengan respuesta. Pero yo me planteo y lanzo una de esas tantas preguntas: ¿sería necesario que el mundo parara para que nos diésemos cuenta de todas las cosas bellas que tenemos y que no estábamos valorando?

Parece que la vida nos está invitando a detenernos y dedicar tiempo a reflexionar. ¿Qué podemos hacer cada uno de nosotros para sacar lo mejor de esta situación extrema? Pienso, desde mi humilde opinión, que esta época oscura conducirá al despertar de una gran parte de la humanidad. Su función está siendo aflorar las cloacas que llevamos dentro para que así nos demos cuenta de todo lo que no estaba funcionando con nosotros, sacando la ignorancia, la perturbación, la infelicidad, la frustración, la acomodación a situaciones que no tienen sentido, la ansiedad, el miedo, la rabia, la tristeza y, sobre todo, la paranoia. Muchísima paranoia que nos hemos creado.

Así que pienso que esta adversidad, como dijo Horacio, tiene el don de despertar talentos que en la comodidad han permanecido dormidos. Es tiempo de despertar y cambiar todo lo que no vibra con nosotros y de que crezcamos en la vibración del amor incondicional, que creo que hace mucho que se nos olvidó sembrar esta semilla.

Os invito a que reflexionemos, miremos para dentro y pensemos que tenemos que cambiar todo lo que no nos hace felices y buscar el camino que nos lleve a la certeza y el convencimiento de que estamos viviendo nuestra vida y no la que nos pintan los demás. Un gran abrazo con todo mi amor para todos. Abraza al ser que tienes al lado; te sentirás bien.

Creemos una cadena de amor. El mundo lo necesita.

Cartas de amor

Hoy le escribo al amor. Al amor a la antigua usanza, con flores y cartas de amor.

Hoy en día, con las nuevas tecnologías, ya no recurrimos al papel y al bolígrafo para expresar nuestros sentimientos, acto que creo una verdadera catarsis, al menos para mí. Cuando cojo papel y lápiz es como si una escritura automática se apoderase de mí y empiezan a aparecer palabras conexas, o quizás sin sentido, pero que pueden expresar todo lo que llevo por dentro.

El *mail*, el mensaje de texto y los chats nos han librado de esto y hay personas que no saben lo mágico que es escribir en el mero sentido de la palabra, con tu puño y letra, lo que le da hasta más personalidad al asunto porque una letra también enamora. Por eso la carta de amor es otra cosa: eres tú en un papel con todos tus sentimientos.

Una carta de amor es una necesidad para cualquier persona. No solo por la satisfacción al escribirla, sino porque puedes imaginar la emoción que va a sentir la otra persona al recibirla. Tienes que plasmar toda tu sensibilidad y sentimientos al mismo tiempo que poner todas tus energías en cada palabra que escribes para que esa carta sea fulminante, arrolladora y la persona que la lea sienta que se lo estás diciendo con palabras. Incluso hasta imagine el tono de tu voz.

Así que, queridos amigos, si tenéis un amor en esta era renunciad a la tecnología. Os invito a que no tardéis más en coger papel y lápiz y os expreséis tal y como vosotros sois. Lo recomiendo. Yo, al igual que dice Roberto Carlos en su canción, soy una de esas amantes a la antigua que suelen todavía amar las flores.

Aquí lo dejo. Pensad si lo haríais.

Siguiendo el *flow*

Todos los días deberíamos preocuparnos por escuchar buena música, leer hermosos poemas y buenos libros, extasiarnos en lindas pinturas y hablar palabras razonables… sin dejar de conversar con nosotros mismos.

El tener un espacio donde puedas reconectar contigo misma es para mí el valor más preciado que podemos alcanzar. Ese momento está en un libro, cuando te metes de lleno en la historia que estás leyendo; o en un color cuando estás pintando, porque tú hoy estás vibrando con ese color; o en el olor del óleo, un olor tan peculiar entre resinas y aceite; o en esa canción que hace que nos traslademos a un momento determinado o al recuerdo de una persona. O simplemente en esa palabra que te llega de una voz amiga, que te da la clave para resolver lo que está rondando en tu cabeza y no te atreves a decir.

Con todas estas sensaciones lo que estamos consiguiendo es contactar con nuestra niña interior, con esa vocecilla que hace que te dejes llevar y mover tu cuerpo cuando escuchas unas notas musicales y, como ahora dicen, siguiendo el *flow*, el fluir, el dejarte llevar.

Es tan importante y a la vez tan maravilloso el dejarse llevar por lo que sientes que no deberíamos nunca boicotear esa sensación porque no es otra cosa que expresarte como tú eres. ¡Ser tú!

Siéntelo, deja mover tu cuerpo al ritmo de tu mente y corazón, siguiendo el *flow*. Déjate llevar; es el mejor momento para dejarte atrapar por tu mar de sensaciones, que son las que nunca mienten. Las sensaciones son el mejor catalizador para saber cómo te encuentras a nivel vibracional. Así que te invito a que vibres en positivo, conectes tus altavoces, pongas música y empieces a danzar. Este es el momento, tu momento. No lo frenes, deja salir a tu niña interior…

¡Y a fluir!

Hablemos de intuición

La intuición parece elegirnos a nosotros, más que nosotros a ella, pero eso no significa que no podamos facilitar el encuentro y recibir sus mensajes.

En estos días he llegado a la conclusión, no sé si por mi experiencia como psicóloga o por la sabiduría que nos va dando la vida, de que existen muchas personas que van disfrazadas de corderito aunque en realidad son lobos y muy feroces. En estos momentos es cuando tienes que hacer uso de tus armas para poder desenmascarar a esas personas (con su imagen de «yo no fui»), utilizando esa intuición de la que, por suerte, muchas personas están dotadas y que yo me siento afortunada por poseer.

Así que llego a la conclusión de que la envidia genera rencor y hay personas que no son capaces de hacer sus vidas, pues están mirando e intentando saber de la de los demás. A esto yo respondería: «¡Pues cómprate una vida!».

Digamos que son personas fáciles de desenmascarar porque, simplemente, lo que tienen es una máscara. Y esa máscara llega el momento en que se cae o tú la puedes arrancar. ¿Cómo? Ahí entrarían nuestras artes de manipulación, inteligencia y mecanismos de defensa. Simplemente, utilizas una táctica, que es un anzuelo, y esperas que pesque. Es decir, a veces tienes que ser un poquito «malo» para sacar verdades y llegar a donde quieres llegar, a donde esa intuición inicial te llevaba. Llamémosle astucia o, como indiqué al principio, intuición.

Reconozcamos, por consiguiente, esa especie de sexto sentido que es la intuición y no la confundamos con una mera opinión, con un deseo, con una apuesta de futuro o con una reflexión. Estemos atentos a esas señales intuitivas repentinas (palabras, frases, imágenes, sensaciones, emociones) y procuremos registrarlas en la conciencia antes de que sucumban a su censura. Registrémoslas incluso, si podemos, en un papel. Si no lo hacemos, la señal se puede diluir por difusa o por mor de las rigideces racionales. A veces uno se despierta por la noche y de repente se le ocurren algunas ideas relacionadas con los problemas que tenía en la cabeza al acostarse. Si no pensáramos firmemente en estas revelaciones surgidas, solo unos instantes y sin ánimo de valorarlas, podríamos haberlas olvidado al levantarnos.

Así que recomiendo explotar este potencial (llámalo inconsciente o intuición, como tú prefieras), que no es nada despreciable, y brindemos por un emparejamiento fructífero entre la razón y la intuición para destapar a estas personas.

Pero si alguien prefiere un trío, hablemos de razón, corazón e intuición.

Es todo. Va por ellos. ¡Os descubrí!

Sentido y sensibilidad

Hoy me baso en el título de esta película para escribir. Hay veces que sientes y aprecias un temblor por tu cuerpo. No sabes distinguir qué es, pero ese estremecimiento te está hablando de lo que respiras, de lo que hueles, percibiendo la energía del ambiente. Es una sensación que no sabes explicar. Te puedes cruzar con una persona y, si la tocas, sentir lo que ella siente; puedes mirar sus ojos y comprender la tristeza o la alegría que la inunda, porque tus poros de una forma singular pueden captar la energía que transmite esa persona. Y te preguntas: «¿Por qué me ocurre esto? ¿Por qué esa sensación aflora en mí?». No es otra cosa que tu sensibilidad, tu gran radar emotivo, que siente lo que otros sienten, que puede llegar a ver lo que otros ven o no ven. Es como un ojo mágico que te permite ver el interior de la persona, de esa casa que visitas, de esa nube que te dibuja algo en el cielo… Esto no es fácil de explicar ni de entender. Solo sabes lo que tú estás sintiendo y agradeces porque es maravilloso, ya que puedes recibir mensajes que nadie ve. ¡Solo tú!

Yo te diría que disfrutes de esa sensibilidad, porque no todos pueden ver o sentir esto. Es una cualidad maravillosa que a veces no vas a saber cómo gestionar, pero es gratificante sentirla.

Deja que se manifieste y déjate llevar por esas sensaciones. Podrás disfrutar de su gran poder, porque las personas sensibles hacen todo con el corazón y vinieron para cambiar el mundo, este mundo donde a veces es mejor mentir, mostrar una máscara que realmente impide disfrutar de los pequeños detalles que se nos ofrecen.

¡Suelta, siente y confía! Es maravilloso.

Amor en tiempos de pandemia

Hoy voy a romper los esquemas en mis escritos y os voy a hacer un pequeño relato de género erótico para cambiar la línea. Aquí os lo dejo para que despertéis vuestra libido.

«Nadie los veía, las calles estaban vacías. Como dos fugitivos habían salido a dar un paseo. Estaba prohibido, pero a estas alturas rompían las normas.

Empieza a llover, siguen caminando. Las ganas de pasear cogidos de la mano son más fuertes que lo que puedan pensar los demás. Pero piensan que no hay nadie. Siguen caminando, riendo, abrazándose, enamorados. La lluvia es cada vez más fuerte, están mojados. Llegan a un portal y se refugian. Ella le dice que tiene frío y él la acerca sobre sí. Se besan, se miran, se sienten.

Motivados por saber que no hay nadie mirando, siguen. Besos, besos, caricias. Él le desabrocha la camisa, besa su cuello mojado; ella se aferra a él, lo desea, lo busca, le devuelve las caricias. Él se quita la camiseta. Pecho con pecho, la lleva hacia la pared. Sus vaqueros coinciden a la misma altura.

Juntan sus cuerpos. Sus manos buscan sus sexos, incitadas por la morbosidad del momento. Se aman en plena calle. Como testigo, solo la luz débil de una farola. Se dejan llevar y culminan en el acto total, libres de prejuicios. Tan solo sus deseos y su libertad de amor.

Me gusta ser rara

De esas personas que aún miran por la ventana antes de dormir por si el cielo está despejado y puedo ver las estrellas. De las que se fijan en quienes caminan con prisas y la mirada agachada hacia el suelo, pensando en todo lo que les abruma.

Aún disfruto con canciones desconocidas. Soy de las que encienden inciensos y velas porque así creo magia. Sí, rara. De esas que si un tren me encanta vuelvo a por él aunque me arrolle de nuevo.

Soy de mirar detenidamente, de observar los vestidos de la gente en primavera, de sorpresas en peligro de extinción, de las que escriben lo que piensan… Soy de decir «hola» cuando entro en algún sitio y de decir «que tengas un buen día» cuando me voy; de sonreír cuando veo algo que llama mi atención. Y doy gracias por ello.

Y seguramente, a mi manera, soy yo. Y me gusta ser así.

Casualidad o causalidad

Con los años he dejado de creer en las casualidades. Que no sepas por qué sucede algo no significa que sea fortuito, que no tenga un motivo.

Voy avanzando en la semana con actitud muy creativa, preparando un nuevo proyecto que me ilusiona muchísimo. La innovación es acción con método.

Me pregunto: ¿es casualidad que algo te vaya bien cuando has trabajado un montón en ello, cuando es casi tu vida? El éxito nunca es casualidad.

Es curioso que hablemos de casualidades. Desde una perspectiva racional, las casualidades son una cuestión de azar, pero a mí me da que hay algo más. Soy muy curiosa, siempre quiero aprender, así que empiezo a darle vueltas y a pensar que seguro que alguien habrá analizado ya este tema. Y así es como llego al encuentro con la teoría de Carl Gustav Jung: la sincronicidad. No es magia, aunque lo parece.

Con el paso del tiempo ves la interconexión entre hechos aparentemente inconexos. Me encantan las casualidades que me impulsan hacia nuevas cosas, nuevas aventuras de vida, como señales que me van abriendo el camino y me dicen hacia dónde tengo que ir. Personas que aparecen, que nunca pensarías que vendrían, palabras que ves escritas, la letra de una canción que parece que la están cantando para ti… Por eso os digo que no es una casualidad, sino una causalidad. Todo ocurre y llega por algo.

Así que, ante nuevas cosas y si ves que hay un hilo de conexión anterior (hecho que quizás en su momento te pareció fortuito), sigue las señales. Han aparecido en tu vida por algo.

¡Así que voy a seguir señales! Sé que ellas me llevarán a donde yo quiero ir.

¡Que vivan la sincronicidad y la capacidad para poder verla!

Cambios

Uno de los rasgos más distintivos de la humanidad es su enorme resistencia al cambio. Sin embargo, el planeta nos está pidiendo a gritos que despertemos para modificar nuestra relación con la naturaleza y con este mundanal ruido que no nos deja escuchar lo que nuestra intuición nos quiere mostrar.

La vida nos ha obligado a hacer una larga pausa para reflexionar. Si después de este tiempo de introspección no sabes aprovechar lo que te está poniendo la vida por delante para seguir, apaga y vámonos, porque este es un tiempo de aprendizaje, de saber mirar para sí y aprender a estar contigo.

Pienso que a cada persona se le ha puesto en la escena en que debe estar: matrimonios que no funcionan, soledad para saber gestionarla, estar con los hijos (que a veces no hay tiempo), relaciones paternofiliales que provocan tensión, ese compañero al que no soportas… Todo es perfecto aunque no lo sepas ver. Te están poniendo ante tus ojos todo aquello que debes trabajarte para tu evolución como persona.

El universo es maravillosamente sabio y sabe lo que cada uno tiene que aprender para su mayor bien, así que para, haz una pausa y abre bien los ojos. Pero no los ojos físicos; hablo de nuestro catalizador, que nos dice: «Oye, date cuenta de esto, que llevas mucho tiempo dormido y no lo estás viendo». Aprende a observar, a sentir lo que ocurre por tu interior. Esa incomodidad o ese sentir es lo que te está dando el campanazo de lo que debes cambiar.

Presta atención y resuelve. No siempre la vida nos brinda esta oportunidad. He dicho. Tómalo o déjalo.

Namasté, un saludo de almas

Cuando hace tiempo que no veo a una persona me gusta ver cómo viene a mí. Un saludo de almas, unir las manos a la altura del corazón, me hace poder sentir a la otra persona. Puedes llegar a ver si es un pacto, un acuerdo, amor y pasión, incluso si hay una *vendetta* entre esa alma y la tuya.

Puede ser que os conozcáis de tiempos anteriores, que hayáis compartido algún asunto en otra vida o que simplemente tienes algo que aprender para tu evolución como persona, ya que (de nuevo vuelvo a marcarlo) todo encuentro de almas se da para algo, siempre para nuestro mayor bien.

Es un «mi alma saluda a tu alma», reconocer en el otro la chispa que invisiblemente une a todos los seres. A su vez permite que reconozcamos también en nosotros mismos que nos reactiva esa persona (o, mejor dicho, esa alma), habilitando para hacer una conexión genuina e infinita. Es un reconocer al otro que te puede agitar interiormente, pero sin ninguna intención, solo saber percibir cuál es su estado (alegría, tristeza, cómo vibra esa persona…) sin emitir juicios, libre de expectativas y roles sociales. Solo reconocer a quien tienes delante de ti.

Es más, cuando un alma está lista las cosas que nos rodean también lo están, presentándose ante nosotros todo lo que vaya en la misma vibración.

Mi alma y mi corazón te reconocen y te saludan porque, con respeto, tú también formas parte del universo que compartimos.

Mi alma saluda a tu alma. Ven a mí libre y limpio de corazón.

¡Namasté!

Cuando una persona llega a tu vida

Aunque no lo podamos ver o no lo comprendamos, siempre hay una razón por la cual cada persona llega a nuestras vidas. Lo veamos como una bendición o una lección, todas llegan por una razón y por un propósito más alto. A veces conocemos personas y la química es tan fuerte que ambas vidas se transforman. También hay personas que llegan a tu vida para echar todo de cabeza.

Cada encuentro, no importa si lo percibes como bueno o malo, está aquí para servir a tu bien más alto. Es justamente ese tipo de relaciones el que hace la vida interesante, retadora y transformadora.

A veces conoces personas y sientes que las has conocido toda tu vida y experimentas la magia de la sincronicidad, que habla de las coincidencias significativas en la vida, coincidencias que son el universo mandándonos señales y personas para ayudarnos a alcanzar a nuestro mayor bien. Estas señales pueden incluir encontrarse a la misma persona varias veces o ver los mismos números una y otra vez.

Nadie llega a la vida de nadie por accidente.

Cuando sabes lo que quieres y tienes una visión bien plantada de quién eres va a ser más fácil que puedas distinguir cada ser que aparece.

Puede que sea una experiencia de alma gemela que llega a tu vida para despertarte. Generalmente, la energía en este tipo de relación es tan fuerte y apasionada que hasta otras personas la pueden sentir. Este tipo de relación es tan especial que simplemente fluye. Se da en una experiencia de paz y trae alegría. Es calmada y no tiene energía desenfrenada. Estas relaciones sacan lo mejor que hay en ti y sirven a ambas personas para encontrar su propósito de vida y crecer juntas. Al durar toda la vida, son algo preciado y raro. Esta relación puede ser con un amante, un amigo o un familiar.

Cuando experimentas este tipo de conexiones la mejor manera de atraer la gente que quieres a tu vida es relajarte y llenar tu ser con amor. Nunca fuerces una relación, deja que fluya naturalmente.

Nada que esté destinado para ti te va a fallar en llegar. Perdona y manda amor a todos los que te encuentras, ya que ellos también están pasando por su propia experiencia de vida, y dales las gracias por todo lo que te enseñan.

Nada pasa por accidente. Cada situación, cada persona, cada problema, cada evento, cada experiencia te llevan exactamente a donde tienes que estar.

¡Sigue el camino que aparece ante ti!

El poder de un beso

El beso es el único de todos los actos en que las personas utilizamos los cinco sentidos al mismo tiempo: lo táctil, lo auditivo (porque el sonido del beso tiene un erotismo en sí mismo), lo gustativo y lo olfativo. ¿Y qué decir de lo visual? Porque besar con los ojos abiertos o cerrados lleva a dimensiones completamente distintas.

Es la mayor expresión de lenguaje no verbal, donde intervienen nuestros deseos de besar a la persona amada después de haber tenido conversaciones, intercambios de miradas, ver cómo mueve los labios esa persona…, lo que nos incita a querer sentir el roce de ellos sobre los nuestros. Es una muestra de amor entre amantes, así como un icono del erotismo.

El beso viene acompañado de una comunicación emotiva que denota proximidad entre personas y estos mensajes no verbales tienen más significado que los mensajes verbales.

Un «te quiero» apasionado suele ir acompañado por este símbolo de fusión de pasión entre personas que se desean. Sentir el calor de los labios del otro nos puede llevar a la cima, a lo más. Sensaciones que nos llevan a sentir unos labios carnosos, sabrosos, que se funden en un mismo momento. Por eso los besos son gestos de simultaneidad, de complicidad, de deseo mutuo.

A nivel químico y neurológico, durante un beso apasionado se incrementan los niveles de dopamina, sustancia relacionada con una sensación de bienestar, y de testosterona, hormona asociada al deseo sexual, que llama a seguir indagando en tus pensamientos, haciendo que la imaginación te lleve a otras situaciones más íntimas y provocadoras.

Os invito a que besemos más y gritemos menos, porque cuanto más cerca están los corazones más suave y sutil es nuestro tono de voz. No hay que mediar palabra. Tan solo dejarse llevar y buscar esos labios que te enloquecen.

Así que, labios y no, ¡manos a la obra y a besar más!

Diana Jiménez Toledo nació en Montargis (Francia), pero se considera andaluza y se siente muy orgullosa de su pueblo, Alcalá de los Gazules. Desde pequeña ha sentido atracción por las letras, la música, la pintura y todo lo relacionado con las artes, las emociones, el pensar y el sentir de las personas, lo que la llevó a licenciarse en Psicología General Sanitaria en la Universidad de Sevilla. Más tarde realizaría un máster en Psicoterapia Dinámica, así como en otras terapias alternativas debido a sus inquietudes a nivel espiritual. Le fascina el poder  que tienen algunas personas de crear arte de la nada y que esa expresión pueda servir para orientar y ayudar a los demás.